重庆综合经济研究文库

分析宏观形势 · 预测区域发展 · 提供决策服务 · 建设一流智库

全球价值链视角下重庆制造业高质量发展路径研究

余贵玲 等著

中国经济出版社
CHINA ECONOMIC PUBLISHING HOUSE
北京

图书在版编目（CIP）数据

全球价值链视角下重庆制造业高质量发展路径研究／
余贵玲等著．--北京：中国经济出版社，2021.12
ISBN 978-7-5136-6758-6

Ⅰ.①全… Ⅱ.①余… Ⅲ.①制造工业-产业发展-
研究-重庆 Ⅳ.①F426.4

中国版本图书馆 CIP 数据核字（2021）第 247870 号

策划编辑　姜　静
责任编辑　王西琨
责任印制　马小宾
封面设计　久品轩

出版发行　中国经济出版社
印 刷 者　北京艾普海德印刷有限公司
经 销 者　各地新华书店
开　　本　710mm×1000mm　1/16
印　　张　11.5
字　　数　180 千字
版　　次　2021 年 12 月第 1 版
印　　次　2021 年 12 月第 1 次
定　　价　78.00 元
广告经营许可证　京西工商广字第 8179 号

中国经济出版社 **网址** www.economyph.com **社址** 北京市东城区安定门外大街 58 号 **邮编** 100011
本版图书如存在印装质量问题，请与本社销售中心联系调换（联系电话：010-57512564）

课题组成员

课题组组长

余贵玲　重庆市综合经济研究院经济咨询研究中心主任研究员

课题组副组长

李　权　重庆市综合经济研究院技术经济研究中心副主任高级经济师

课题组成员

唐于渝　重庆社会科学院城市与区域研究所副研究员

夏　月　重庆市综合经济研究院产业经济研究室助理研究员

李　林　重庆市综合经济研究院城市与区域发展研究室副研究员

简华球　重庆市综合经济研究院产业经济研究室助理研究员

陈　姝　重庆市综合经济研究院产业经济研究室助理研究员

前 言

全球价值链（Global Value Chain，GVC）是分工深化的结果，全球价值链的布局和演变对世界经济格局调整、产业升级具有深远的影响。我国作为制造业大国，存在“大而不强”的突出问题。基于全球价值链视角，提升制造业在全球价值链的参与度和地位、提升国际竞争力、促进制造业高质量发展，是在我国“加快构建以国内大循环为主体、国内国际双循环相互促进的新发展格局”背景下，突破我国制造业自身短板制约，促进经济高质量发展，加快工业化、现代化进程的客观需要，也是面对来自发达国家严峻阻击，突破“修昔底德陷阱”、跨越“中等收入陷阱”的必然选择。

重庆作为我国六大老工业基地之一，具有较好的制造业发展基础，随着以大数据智能化为引领的创新驱动战略的实施，制造业转型升级和高质量发展取得了一定成效，但全市制造业规模不大、结构不优、创新能力不足、价值链参与度和地位低、竞争力不强等问题仍亟待解决。

本书基于全球价值链视角，剖析重庆制造业客观发展状况，从价值链、产业链视角提出促进其转型升级、高质量发展的思路和具体路径，对重庆实现国家赋予的战略定位和历史使命具有紧迫的现实意义和深远的历史意义，也期望对西部地区等欠发达地区制造业高质量发展提供有益借鉴。

余贵玲

2021 年 11 月

目　录

第一章

国内外相关研究回顾及本书的研究视角

21世纪初以来，随着以价值链解构和重整为特征的制造业全球生产网络的构建，我国的制造业已深度嵌入全球价值链体系。本章基于全球价值链视角对全球价值链与制造业高质量发展的国内外文献进行梳理和述评，以期为研究提出全球价值链视角下重庆制造业的高质量发展路径问题提供参考和借鉴。

第一节　全球价值链理论

全球价值链研究的兴起和深入基本都是依赖实证研究展开的。其理论源于价值链理论，由波特最先提出且影响最大，寇伽特的价值链理论也发挥了重要作用。20 世纪 90 年代中期，在全球商品链（Global Commodity Chain，GCC）理论基础上，全球价值链理论进一步演化成形（张辉，2006），继而在各国（地区）实践中不断得以应用和理论延伸，成为经济增长的新机制，推动形成全球分工新格局。

一、全球价值链概念

20 世纪 80 年代，美国哈佛大学商学院迈克尔·波特教授提出价值链概念。从这个概念出发，可以认为："每一个企业都是在产品的生产加工、研发设计、销售流通等环节中各类活动的集合体。"企业的价值创造由一系列环节组成，上述环节主要可划分为两大类：基本活动环节和辅助活动环节。基本活动环节主要由内部后勤、生产经营、外部后勤、市场营销等构成；辅助活动环节则主要含企业基础设施、人力资源管理和技术开发、采购等。这些互不相同但又相互关联的生产经营活动环节，是一个逐步形成价值创造的动态过程，即价值链，如图 1-1 所示。

波特提出了价值系统（value system）概念，这是全球价值链概念的基础。这个价值链系统由多个市场主体、多个环节组成。供应商具有上游价值，创造和发送用于企业价值链之中外购投入的价值链。销售商具有渠道价值，许多产品在到达顾客手里之前需要通过销售渠道的价值链。企业的产品到了顾客手中之后，因为消费者剩余，最终会成为其买方价值链的一部分，即顾客价值。这是一个完整的链条，从上游价值到最终的买方价值形成一个完整的价值链系统。因此，企业与企业的竞争，不只是某个环节的竞争，还取决于

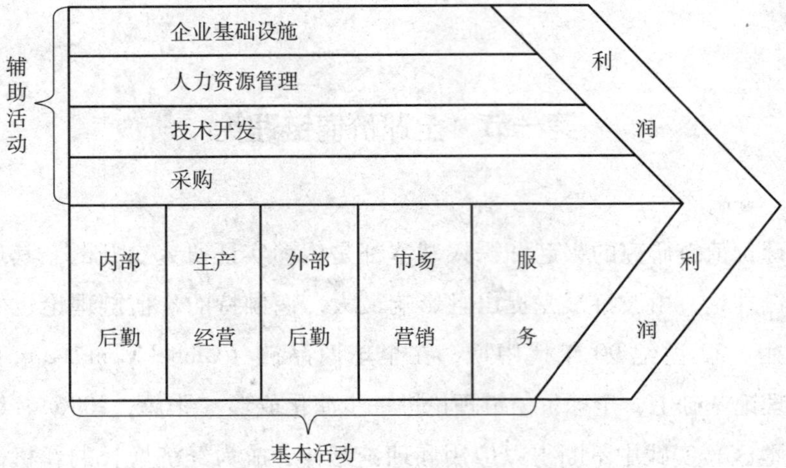

图 1-1　基于生产经营活动环节的价值链示意图

价值链的竞争，全球价值链的综合竞争力决定了企业在市场中的地位。波特认为："消费者心目中的价值由一连串企业内部物质与技术上的具体活动与利润所构成，当和其他企业竞争时，其实是内部多项活动在进行竞争，而不是某一项活动的竞争。"波特提出的价值链系统如图 1-2 所示。

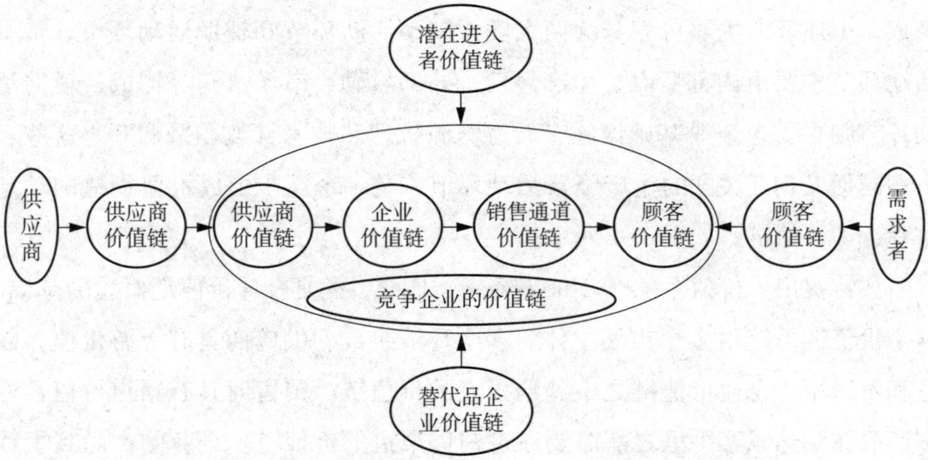

图 1-2　波特提出的价值链系统示意图

理论来源于价值链的全球价值链，对其概念的界定，学术界有不同的解析视角，但大都聚焦于全球生产网络在价值链视角下的内在联系与经济关系。20世纪90年代，格里芬等提出的理论局限于商品这一概念，在价值链上运营的企业在价值创造和价值获取方面的重要性没有被重视。直到2001年，*IDS Bulletin* 上推出了“价值链的价值”专题，格里芬和一些研究者基于价值链视角分析全球化过程，认为应把商品贸易和服务贸易看成一个治理体系，发展中国家的企业和政策制定者理解全球价值链的运作具有重要的意义，因为价值链的形成过程同时也是企业参与到价值链并获得技术能力和服务支持的过程。这份专题特刊在全球价值链研究中起到了里程碑式的重大作用。在该专题中，研究者从全球价值链治理、演变及其升级等多个角度进行了系统的探讨和分析，从而建立起了全球价值链理论的基本概念及其分析框架。

斯特恩从组织规模、地理分布及生产性主体三个维度来界定全球价值链。从组织规模的维度看，全球价值链包括某种产品或服务的生产性活动的全部参与主体；就地理分布的维度而言，全球价值链必须具有跨区域的全球性；就生产性主体的维度而言，有一体化企业、销售商、头部企业、交钥匙供应商及零件供应商。斯特恩还进一步对价值链和生产网络的概念进行区分：价值链主要描述了某种商品或服务从生产到交货、消费和服务的一系列过程，而生产网络强调的是一些关联企业之间的关系本质和疏密程度。

目前，关于全球价值链最具权威和认同度的概念由联合国工业组织（UNIDO，2002）在2002—2003年度工业发展报告——《通过创新和学习来参与竞争》中正式提出，全球价值链指为实现商品或服务的价值而链接生产、销售、回收等一系列过程的全球性跨企业网络，涉及从原料采购和物流运输，半成品和成品的生产制造和分销，到最终消费和回收处理的全过程。包括所有参与主体和生产、销售等的组织及其价值、利润分配。当前分布于全球的处在价值链上的企业进行着从产品设计、开发、制造、营销、物流、消费、售后以及循环利用等各种增值活动。我国学者王珏、黄光灿（2017）通过进一步提炼，将其界定为：在全球范围内，一个产品从研发设计、组装生产到消费使用和售后服务等所有价值创造的一系列经济活动的总和。总体来说，全球价值链概念为广大研究者提供了一种用来描述跨区域生产的地理和组织特征的分析方法，可以说明全球化背景下产业的动态性特征。在全球价值链背景下，国际分工模式由产品分工向要素分工转变，由生产最终产品转变为依据各自的要素禀赋，只完成最终产品形成过程中的某个环节（张辉，2006）。

二、全球价值链治理机制

在全球价值链理论研究中，对治理机制的研究是其重要内容。治理机制即价值链体系中的主要活动主体对其所涉及的生产经营活动环节进行的管理和组织协同行为，这些组织协同行为通常基于非完全市场的角度。研究价值链治理机制，有助于我们进一步厘清价值链各构成要素之间的相互关系，进而动态地、全面地掌控某一产品全球竞争和利益分布的时空格局，帮助战略决策者了解产品各个增值环节的地域分布和转化情况，为政策制定者制定制造业产业促进政策提供决策支撑。

（一）治理机制中的治理模式

关于治理模式的划分，目前得到广泛认可和应用的是 2002 年由 Humphrey 和 Schmitz 提出的划分标准。根据 Humphrey 和 Schmitz 的研究结果，全球价值链治理模式主要分为网络型、准层级型和层级型三类。网络型治理模式中的各个企业基于平等合作、互利共赢的原则，参与对产品价值链中各个活动环节的合作分工，依托各自的核心竞争力分享产品的价值创造。准层级型治理模式指价值链体系中各个企业虽然在法律意义上相互独立，但某一家或者几家企业在规则制定中占绝对主导地位，其他企业相对处于从属地位。层级型治理模式通常指一家或者若干占绝对优势地位的公司对价值链中的某类活动环节进行直接股权控制的市场关系，其中较为典型的如跨国公司及其分布在全球不同地区的各类分支机构。这类治理模式通常也被看作是一种无治理的市场伙伴关系，价值活动各个环节的交易主体主要基于生产标准化或产品定制化方式，各方尚未形成真正治理意义上控制与被控制的非市场关系。

根据 Kaplinsky 和 Morris（2003）的研究，系列运行规则和行业标准是各个价值活动环节的企业之间建立和维系长期信任机制的重要依托。一方面，全球不同地域间的价值创造离散化环节主要通过上述运行规则和行业标准建立有机联系；另一方面，通过上述运行规则和行业标准也能反映出全球价值链的动态变化规律。对上述运行规则和行业标准的充分理解及把握，有助于各类企业有效嵌入全球价值链体系中，进而实现自身产品结构和企业发展的提质升级。基于上述认识，Kaplinsky 和 Morris 从规则和标准制定视角，将全球价值链的治理机制分为三个方面：其一，规则制定方面。主要包括参与全球价值链各类规则的主要内容及适用范围。其中，规则内容涵盖产品标准、质量标准、价格标准、用工标准、工艺流程等全方位标准。上述标准按照适用范围可分为国际性、区域性、地方性，或者特定行业、企业标准。其二，监督裁决方面。执行监督裁决职能的行为主体主要是在价值链环节中占绝对主导地位的企业和厂商，以及全球价值链外的政府、行业组织和公众媒体等，它们负责对各市场主体是否遵从特定治理规则和标准，以及其实施效果等进行监督和评价。其三，规则的执行方面。这方面的行为主体主要包括专业咨询公司、政府代理机构以及价值链体系上的主导企业和其代理厂商，它们根据监督裁决环节形成的评估结果，制定系列策略督促各个价值活动环节的参与者积极遵守全球价值链中的各类行业准则，同时帮助其达到特定行业标准。

基于 Humphrey 等对网络型、准层级型和层级型三类治理模式的划分，Gereffi et al.（2003）按照治理主体协调程度，将其细分为市场型、模块型、关系型、领导型和层级型五类。市场型治理形式的运行围绕市场化的价格机制展开，各类行为主体之间的协调能力最低，主要通过各类商品和服务的市场化交易进行联系和沟通。与之相对应的是，层级型治理形式中各类行为主体之间的协调能力最高，管理控制体系是全球价值链体系中的运作内核，而企业制是其最为典型的治理形式。其他三类治理形式介于市场型治理与层级型治理之间，其运行主要基于网络化展开。模块型治理形式中各个系统按照一定规则进行分解和整合，通过节约交易费用和提升创新效率形成核心竞争力。关系型治理形式中各行为主体由于在地理空间上的位置邻近、家族关系或社会属性的类似行为等进行紧密联系；在此模式下，各行为主体之间的权力相对平衡，同时众多外在因素能够促进价值链体系中关系的协调。领导型治理形式的典型特征是由一家或者若干家大型企业和众多中小企业行为主体构成，其中大型企业在价值链体系中占据绝对主导地位，并对中小企业行为主体的产品生产、经营活动具有较强的控制力。现实环境中，上述五类治理形式并没有绝对的界限，往往彼此交错且能够进行动态转换，同时显性协调和权力不对称的程度也在持续变化（见图 1-3）。

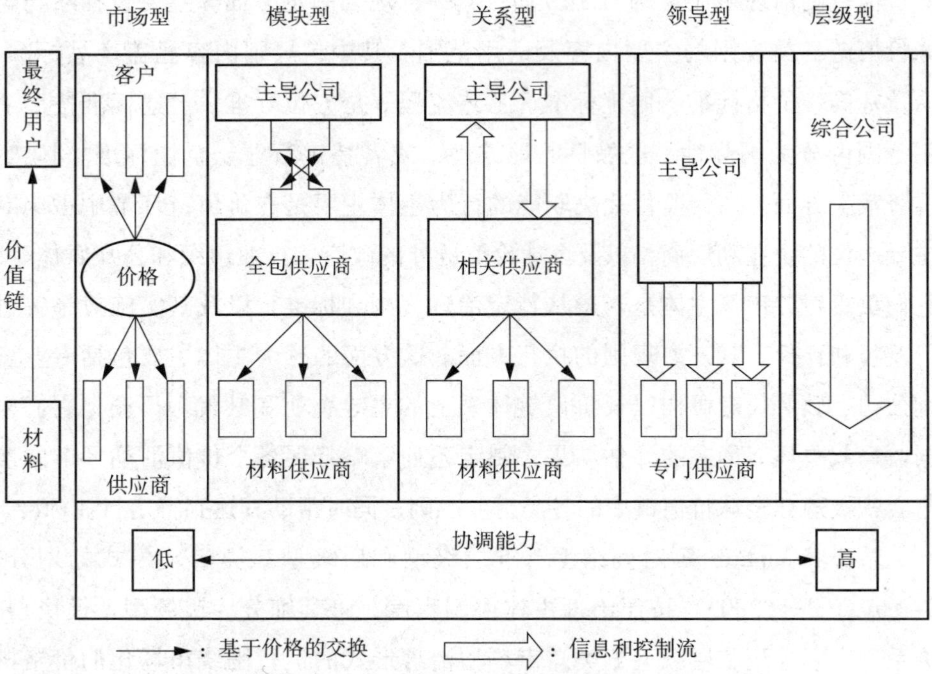

图 1-3　基于治理主体协调程度划分的五类全球价值链治理形式

（二）全球价值链治理模式的选择因素

根据 Gereffi et al.（2005）的研究，在各行为主体对具体治理模式进行决策选择时，主要取决于交易的复杂性、可标准性和供应商的竞争能力三大因素。交易的复杂性程度是全球价值链治理模式选择的首要决定因素。各价值活动中交易的复杂性程度越高，各行为主体越倾向于形成网络型和层级型的价值链治理模式，以满足各行为主体较强的交互作用需求。交易是否可标准化是全球价值链治理模式选择的重要决定因素。供应商对价值链中的复杂信息和指示的接收能力较强，并且标准化信息能够在价值链中有效传递，各个活动环节交易费用越低，就越容易形成模块型的全球价值链治理模式。反之，价值链中各类信息被龙头企业垄断，则更容易形成分工垂直一体化的层级型、领导型全球价值链治理形式。供应商的核心竞争能力对全球价值链治理模式的选择产生重要影响。供应商对产品价值创造活动中龙头厂商掌握的各类信息与标准的接收能力越弱，越容易在全球价值链体系中处于从属地位，进而形成层级型治理或者领导型治理横式（见表1-1）。

表1-1　全球价值链治理模式选择的决定因素

治理模式		交易复杂性	交易可标准性	供应商竞争能力
市场型		低	低	高
网络型	模块型	高	高	高
	领导型	高	高	高
	关系型	高	高	低
层级型		高	低	低

资料来源：Gereffi et al.（2005）。

深入理解不同治理模式选择的决定因素，有助于我们进一步认识和把握全球价值链背景下制造业的空间转移规律。在上述五种不同的价值链治理形式中，由于行为主体之间联系的紧密程度存在差异，其制造业企业在空间上的转移特性也明显不同。在模块型的全球价值链治理模式支配下，各个价值活动的参与主体之间相互控制性较弱，互补合作性强，因此企业对市场的响应相对较快，投资行为较为灵活，产业空间转移的灵活性也较高。在关系型的全球价值链治理模式支配下，主要价值活动环节的参与者以众多的中小型厂商为主，这些中小型厂商长期以来形成了较为类似的社会属性、家族联系或者空间地理上的邻近性特征，加之单个企业实力普遍偏弱，因此主要通过长期建立起来的信任机制形成了产业链条上较为稳定的分工合作关系，产业空间转移能力普遍不高。在领导型的全球价值链治理模式支配下，由一家或者若干家大中型企业在价值链分工中占绝对主导和控制地位，众多中小型企业独立适应市场的能力较弱，这种产业链分工关系的改变需要付出较高成本，因此，在外界环境相对稳定的情况下，产业空间转移通常不易发生。

三、全球价值链动力机制

关于全球价值链动力机制，学者们进行了深入研究，并达成基本共识。Gereffi et al.（2005）从驱动力根源、核心能力、进入门槛、产业分类等方面考察，将全球价值链划分为生产者驱动型价值链和购买者驱动型价值链两种类型（二元动力论）。生产者驱动型价值链指由生产者投资来推动市场需求，投资者可以是跨国企业，也可以是本国政府。购买者驱动型价值链指拥有强大品牌优势和国内销售渠道的发达国家企业（如沃尔玛、家乐福等），通过全球采购和原始设备制造商（Original Equipment Manufacturer，OEM）生产①等组织，形成强大市场需求。从图 1-4 中可以看出，在生产者驱动的全球价值链中，其价值增值环节主要体现在生产环节；在购买者驱动的全球价值链中，其价值增值环节主要偏向流通环节。由于上述二元动力论无法解释现实经济活动中同一产业部门中两种机制并存，甚至同一产业部门内部不同价值环节两种机制相悖等问题，学者们逐步提出兼具上述两种类型特征的混合型驱动类型（张辉，2006；刘志彪、吴福象，2018），并对三种类型进行细化区分。对全球价值链动力机制的研究，有利于探讨在全球化背景下，不同发展水平国家（地区）如何进行产业分工合作与竞争。从图 1-5 中可以看出，混合型驱动价值链的价值增值在生产和流通领域均有所突出，在生产环节向流通环节转变的过程中，表现为边际价值率先递减再递增的趋势。不同驱动类型全球价值链具有不同的动力源等特征（张辉，2006），具体见表 1-2。同时，针对不同驱动类型的全球价值链特征的产业，政府应采取不同的、针对性的发展策略（见表 1-3），以促进本地产业集群的培育形成及增强其在全球价值链中的竞争能力。

---

① OEM 生产，也称定点生产，俗称代工（生产），基本含义为品牌生产者不直接生产产品，而是利用自己掌握的关键核心技术负责设计和开发新产品，控制销售渠道。原始设备制造商具体的加工任务通过合同订购的方式委托同类产品的其他厂家生产，之后将所订产品低价买断，并直接贴上自己的品牌商标。这种委托他人生产的合作方式即 OEM，承接加工任务的制造商被称为 OEM 厂商，其生产的产品被称为 OEM 产品。

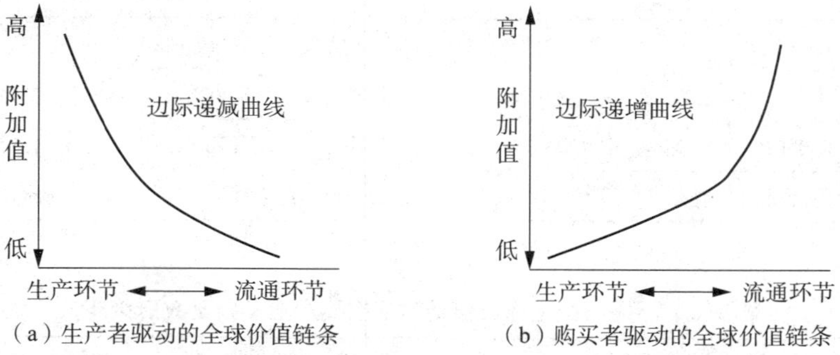

图 1-4　全球价值链按价值形成过程的分类示意图

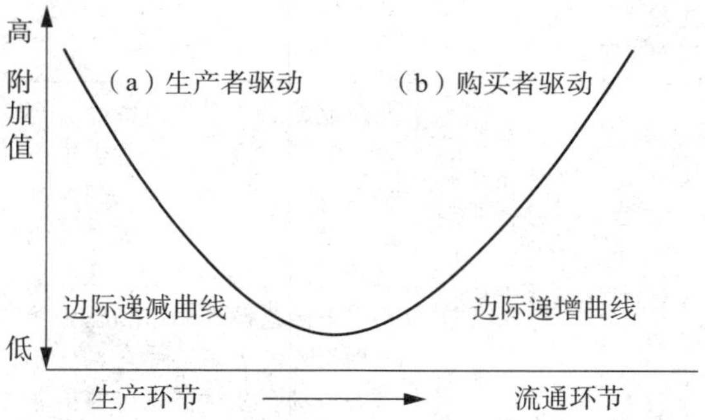

图 1-5　购买者驱动和生产者驱动二者兼具的全球价值链

表 1-2　生产者、购买者和混合类型驱动的全球价值链比较

项目	生产者驱动的价值链	购买者驱动的价值链	混合类型
动力根源	产业资本	商业资本	二者兼有
核心能力	研究与发展、生产能力	设计、市场营销	二者兼有
环节分离形式	海外直接投资	外包网络	二者兼有
进入门槛	规模经济	范围经济	二者兼有
产业分类	耐用消费品、中间商品、资本商品等	非耐用消费品	二者兼有
制造企业的业主	跨国企业，主要位于发达国家	地方企业，主要在发展中国家	二者兼有
主要产业联系	以投资为主线	以贸易为主线	二者兼有
主导产业结构	垂直一体化	水平一体化	二者兼有

续表

项目	生产者驱动的价值链	购买者驱动的价值链	混合类型
辅助体系	相对于软硬件更重要	相对于硬软件更重要	二者兼有
典型产业部门	航空器、钢铁等	服装、鞋、玩具等	计算机等
典型跨国公司	波音、丰田等	沃尔玛、耐克等	英特尔/戴尔等

资料来源：张辉（2006）。

表 1-3　不同类型全球价值链对应主要产业类别及政府策略

类别	生产者驱动	购买者驱动	混合型驱动
产业类别	汽车、航空、计算机、半导体、装备制造、石油化工、医药等技术、资本密集型产业，一些新兴的现代制造业	鞋业、服装、自行车、玩具、食品饮料、家居用品制造等传统产业	电子信息等
政府策略	优化融资环境，加大技术扶持力度，搞好水、电、路等基础设施建设，鼓励上下游企业间兼并重组（垂直一体化）等。集群内各个经济行为体也应该围绕硬件设施来构建集群的产业支撑体系，特别注意产业的研发和生产能力，不可盲目推进品牌策略	营造地方亲商和重商的社会环境，培育本地市场，适当推进品牌战略，强化该领域的贸易扶持措施。在产业重组方面鼓励企业的水平一体化，在发展重点中偏重设计和市场营销等方面，通过水平一体化构建集群的市场竞争优势，集群内各个经济行为体应围绕软件设施来构建集群的产业支撑体系	根据实地调研来确定该类产业偏向于生产者驱动型还是购买者驱动型，再根据具体情况决定政策取向

资料来源：张辉（2006）。

第二节　制造业高质量发展理论

制造业高质量发展是经济高质量发展的重要内容。学者们围绕制造业高质量发展内涵、指标评价体系、动力和路径等方面展开了丰富的理论与实践研究。结合本主题，本节重点从促进区域制造业提升在全球价值链地位的角度展开述评。

一、高质量发展的理论渊源

从理论渊源看，“高质量发展”与经济增长、经济发展、发展质量、发展阶段等概念相关，与马克思主义政治经济学、熊彼特创新理论、罗斯托经济成长阶段论、钱纳里产业升级理论等有着紧密联系。

（一）马克思主义政治经济学

马克思主义政治经济学对质量问题进行了多方面的论述，这些论述很早就注意到微观质量和宏观经济发展质量的重要性，还区分了粗放和集约发展模式，为我们当前转向高质量发展阶段提供了深刻的理论启示。

在微观方面，马克思主要运用劳动价值理论分析了产品质量与使用价值、价值之间的关系。比如，区分简单劳动和复杂劳动，也就区分了不同劳动质量，进而影响产品质量。社会必要劳动时间凝聚的劳动价值量主要由产品质量体现，而社会必要劳动时间凝聚的劳动价值量又对产品价值量的高低产生决定性影响。此外，产品的使用价值可以通过产品质的提高而提高。马克思还深刻认识到质量在市场竞争中的重要性。质量不高的产品在参与市场竞争的过程中将处于弱势地位。

基于宏观视角，马克思重点研究了生产过程中的质量循环链和经济增长质量等问题。马克思政治经济学认为社会再生产是数量再生产循环和质量再生产循环的有机统一体，既是数量的再生产，也是质量的再生产，生产过程应关注质量。对于经济增长质量，扩大再生产主要包括内涵式和外延式两大类型。前者主要依靠技术进步，通过提高资本、劳动等投入要素的利用效率以扩大社会再生产。后者主要依靠增加资本、劳动等要素的投入数量，通过扩充生产规模的方式以扩大社会再生产。在地租理论中，马克思提出了粗放经营和集约经营两种经济增长方式。前者是典型的数量型经济增长模式，主要借助增加资本、劳动等要素投入，进而以粗放式的规模扩张推动经济增长。与其相对应，后者主要借助技术进步和创新驱动，着力提升各类投入要素的集约化利用水平和产出效益，进而实现劳动、资本等投入要素组合的帕累托改进。

这些论述为后来的粗放发展和集约发展模式提供了深刻启发，也为我们当前的高质量发展提供了坚实理论基础。

（二）熊彼特创新理论

根据熊彼特创新理论，创新本质上是要建立一种新的生产要素和技术条件组合关系。这种新的组合关系力图在生产体系中引入一种生产的“新函数”，以实现“生产要素的重新组合”和产出的变化。实施创新的主体就是企业家，他们不断通过“新组合”来获得潜在的利润，最大限度地获取超额利润。熊彼特认为，所谓“经济发展”，是整个资本主义社会不断地实现这种“新组合”、不断创新的结果，就是不断打破均衡的过程，从而引起了利润、资本、信贷、利息和经济周期的变化。在创新力量的推动下，经济发展成为一个“创造性毁灭”的过程。

熊彼特创新理论认为，经济发展的本质就是创新，创新既是最根本的动力，实际上也是发展本身。根据这一理论，经济“增长”和经济“发展”具有不同的内涵。如果经济总量的增加仅仅依靠人口、资本的规模扩张产生，由于它并不会带来质的变化，因此并不是严格意义上的经济“发展”。发展是经济发展质上的一种新现象，是对原有经济均衡状态的一种调整和改变，这种改变可以认为是一种创新。这与当前高质量发展中十分强调创新推动力的内涵是一致的。

（三）罗斯托经济成长阶段论

20世纪60年代末期，著名经济学家罗斯托在美国提出这一理论。根据罗斯托的经济成长阶段理论，经济社会发展按照其不同过程特征可分为传统社会阶段、准备起飞阶段、起飞阶段、走向成熟阶段、大众消费阶段五大阶段。1971年，罗斯托发表《政治和成长阶段》一书，在前述五大阶段的基础上增加了超越大众消费阶段。罗斯托认为，传统社会阶段是经济社会发展的最初始阶段，在这一阶段，经济社会的发展主要围绕生存展开，孤立、封闭式的生产生活组织方式是其典型特征。

准备起飞阶段是传统社会阶段发展到一定程度后的产物，其特征是通过生产方式和生产力的变革，力图通过现代化建设，进而为脱离贫困落后和转向经济繁荣做好准备。

起飞阶段是经济由落后阶段向先进阶段发展的过渡时期，在这一阶段通常大量劳动力从农业向非农产业转移，外商企业投资蜂拥而来，部分制造业行业开始快速成长，并依托这些优势行业逐步形成若干带动区域发展的增长极。

当经济社会发展到走向成熟阶段，现代化技术有效地应用到了它的大部分产业，产业结构逐步由劳动密集型向资本、技术密集型转变。生产产品结构日趋多元，出口产品的附加值大幅提升。在此基础上，国内的基础设施条件显著改善，国民生活的富裕程度提升。与此同时，随着国内发展实力的增强，国内部分企业开始积极谋划境外投资。

步入大众消费阶段，经济结构服务化的趋势更加明显，服务业成为国民经济发展的主导产业，高科技产业占据相当比重，人民群众的消费水平显著提升。在这一阶段，国民对教育、医疗、文化、休闲等领域的需求明显增加，消费产品也由实体产品向服务型产品提升。

当经济社会发展进入超越大众消费阶段，创造高品质生活将成为经济社会发展的主旋律，人民群众日益增长的物质文化需求将逐步得以满足。

罗斯托经济成长阶段论告诉我们，经济发展很难说是线性的，到一定阶段就会对应不同的阶段特征，发展战略也应做出相应调整。因而，我们在经过改革开放 40 多年高速增长后转而进入高质量发展阶段，应将更多精力放在提升质量和效益上，满足大众消费升级需求。

（四）钱纳里产业升级理论

哈佛大学钱纳里教授基于第二次世界大战后发展中国家，特别是其中的准工业化国家（地区）1960—1980 年的相应资料，利用回归方程的方法建立了一个国内生产总值（Gross Domestic Product，GDP）市场占有率模型，提出了标准产业结构，建立了多国模型。钱纳里根据人均国内生产总值，将不发达经济到成熟发达经济整个变化过程划分为三个阶段六个时期，从任何一个发展阶段向更高阶段的跃进都是通过产业结构转化来推动的。

第一个时期是传统社会，产业结构以农业为主，绝大部分人口从事农业生产，工业经济发展尚未起步，经济发展水平极低。当由传统社会进入工业化初期阶段，工业经济开始发育，工业在产业经济中的占比逐步超过传统农业，但工业生产仍以简单消费品、建材加工、采掘业等初级加工为主。

步入工业化中期的经济社会发展阶段后，制造业内部的轻重工业结构比例逐步发生变化，重工业实现快速发展。在这一时期，非农就业在就业总人口中的比重明显增加，现代服务业逐步成长起来。当进入第四个时期的工业化后期阶段，农业和制造业均已发展到一定高度，现代服务业将实现规模的提升及产业结构的多元化发展，上升为国民经济中的重要支柱性产业。迈向后工业社会时期，制造业内部结构由资本密集型产业为主导产业向技术密集型转换。在这一时期，国民的生活需求结构有了质的提升，高档耐用消费品在全社会实现普遍使用。

最后步入现代化社会时期，知识密集型服务业逐步在第三产业中占据主体地位，国民的消费需求更趋多元和个性化。

从理念上看，钱纳里基于产业结构特征划分的经济发展时期与罗斯托经济成长阶段论比较类似，都为我们转向高质量发展阶段提供了重要理论支撑。推动产业升级，向中高端迈进正是高质量发展的应有之义。

二、制造业高质量发展的内涵

高质量发展是新时代中国经济发展的鲜明特征。高质量发展是一个综合性概念，包括结果维度和过程维度。国内对制造业发展质量的认识随时代的变化不断演进，政府不同时期对于产业发展有着不同的导向和内涵要求，学界基于不同研究视角，对制造业高质量发展也有着不同的内涵解析。

（一）学界关于制造业高质量发展的理论内涵

对于制造业高质量发展的内涵，目前国内尚未形成统一的界定标准，不同的学者从不同的角度对这一命题进行解读和思考。如：苏黎世大学教授Enrst Fehr（2017）认为，产业高质量发展是一个复杂的概念，但就其本质而言是一个生产高附加值产品的动态过程。肖伟（2019）认为根据国内外的发展经验，制造业高质量发展主要包括四个方面的要求：产品质量不断提高，能够满足人们对美好生活的需要；生产过程清洁高效，满足人与自然和谐发展的要求；企业效益保持在较好水平，人均增加值不断提升；国际竞争力不断提高，为经济发展提供更大的市场空间。周毅等（2020）提出制造业高质量发展是指以增强创新能力为核心，以产品质量、标准和服务提升为主要标志，最终形成产品具有国际竞争力、企业具有世界影响力、产业具有全球整合力的总体格局。

（二）我国制造业高质量发展的政策脉络

经过新中国成立后特别是改革开放以来的工业化建设，我国目前已经建成了门类齐全、实力较强的制造业产业体系，制造业规模跃居世界第一，占全球比重超过28%，创新能力不断增强。随着我国制造业发展逐步从粗放化、外延式发展转向集约化、内涵式发展，从规模速度竞争模式转向质量效益竞争模式，制造业高质量发展在国家层面的整体战略导向持续强化。从2015年国务院正式印发《中国制造2025》，到党的十九大再到党的十九届五中全会通过的《中共中央关于制定国民经济和社会发展第十四个五年规划和二〇三五年远景目标的建议》（以下简称《建议》），相关文件关于制造业高质量发展的内涵论述日渐丰富和明晰。

“十三五”收官之年，国务院对我国建设制造强国做出部署，并印发了《中国制造2025》作为推进制造强国建设的第一个纲领性文件（见表1-4）。《中国制造2025》对我国制造业新十年的发展做出一大目标、两化融合、三步实施、四项坚持、五大方针、五大工程、十大领域的“一二三四五五十”总体导向。一大目标，即推动我国从制造业大国向制造业强国转变。两化融合，即工业化、信息化深度融合，这是我国制造业占据发展制高点的必由之路，自党的十八大以来我国对此提出明确要求。三步实施，即实施制造强国建设“三步走”发展战略，力争以十年一步，推动我国由制造业大国向制造业强国实现渐进式转变。四项坚持，即坚持市场主导、政府引导；既立足当前，又着眼长远；全面推进、重点突破；自主发展、合作共赢四大原则。五大方针，即创新驱动、质量为先、绿色发展、结构优化和人才为本。五大工

表 1-4 《中国制造 2025》提出的我国制造强国建设“三步走”目标

时间节点	主要目标
第一步，到 2020 年	基本实现工业化，制造业大国地位进一步巩固，制造业信息化水平大幅提升。掌握一批重点领域关键核心技术，优势领域竞争力进一步增强，产品质量有较大提高。制造业数字化、网络化、智能化取得明显进展。重点行业单位工业增加值能耗、物耗及污染物排放明显下降
第二步，到 2035 年	我国制造业整体达到世界制造强国阵营中等水平。创新能力大幅提升，重点领域发展取得重大突破，整体竞争力明显增强，优势行业形成全球创新引领能力，全面实现工业化
第三步，到新中国成立 100 年	制造业大国地位更加巩固，综合实力进入世界制造强国前列。制造业主要领域具有创新引领能力和明显竞争优势，建成全球领先的技术体系和产业体系

程，即制造业创新中心建设、基础强化、智能制造、绿色制造和高端装备创新五项制造强国建设重点工程。十大领域，包括新一代信息技术产业、高档数控机床和机器人、航空航天装备、海洋工程装备及高技术船舶、先进轨道交通装备、节能与新能源汽车、电力装备、农机装备、新材料、生物医药及高性能医疗器械等。

2017 年，党的十九大作出了我国经济已由高速增长阶段转向高质量发展阶段的重大判断，并就如何以制造业的高质量发展推动建设现代化经济体系提出要求。根据相关精神，为构筑新时代我国经济社会的发展新优势，必须致力于构建现代化经济体系，并且更加突出实体经济对支撑经济高质量发展的地位与作用。特别强调要抢抓新一代信息技术发展机遇，加快推动互联网、大数据、人工智能等数字经济与实体经济深度融合，构建若干具有全球影响力的先进制造业集群，以制造业的高质量发展助推我国的制造强国建设，进而提升我国制造业在全球价值链中的核心竞争力和相对地位。

2020 年，党的十九届五中全会和 2021 年《中华人民共和国国民经济和社会发展第十四个五年规划和 2035 年远景目标纲要》（以下简称国家《纲要》）进一步对推动我国全产业链现代化建设和优化升级做出明确要求，突出强调要加快实施制造强国、质量强国、网络强国、数字中国“四大强国”战略，保持制造业比重基本稳定，加快构建自主可控、安全高效产业链供应链体系（见表 1-5）。

表 1–5　国家《纲要》关于“十四五”时期我国制造业高质量发展的战略导向

主要举措	具体内容
加强产业基础能力建设	实施产业基础再造工程，加快补齐基础零部件及元器件、基础软件、基础材料、基础工艺和产业技术基础等瓶颈短板。依托行业龙头企业，加大重要产品和关键核心技术攻关力度，加快工程化产业化突破。实施重大技术装备攻关工程，完善激励和风险补偿机制，推动首台（套）装备、首批次材料、首版次软件示范应用。健全产业基础支撑体系，在重点领域布局一批国家制造业创新中心，完善国家质量基础设施，建设生产应用示范平台和标准计量、认证认可、检验检测、试验验证等产业技术基础公共服务平台，完善技术、工艺等工业基础数据库
提升产业链供应链现代化水平	坚持经济性和安全性相结合，补齐短板、锻造长板，分行业做好供应链战略设计和精准施策，形成具有更强创新力、更高附加值、更安全可靠的产业链供应链。推进制造业补链强链，强化资源、技术、装备支撑，加强国际产业安全合作，推动产业链供应链多元化。立足产业规模优势、配套优势和部分领域先发优势，巩固提升高铁、电力装备、新能源、船舶等领域全产业链竞争力，从符合未来产业变革方向的整机产品入手打造战略性全局性产业链。优化区域产业链布局，引导产业链关键环节留在国内，强化中西部和东北地区承接产业转移能力建设。实施应急产品生产能力储备工程，建设区域性应急物资生产保障基地。实施领航企业培育工程，培育一批具有生态主导力和核心竞争力的龙头企业。推动中小企业提升专业化优势，培育专精特新“小巨人”企业和制造业单项冠军企业。加强技术经济安全评估，实施产业竞争力调查和评价工程
推动制造业优化升级	深入实施智能制造和绿色制造工程，发展服务型制造新模式，推动制造业高端化智能化绿色化。培育先进制造业集群，推动集成电路、航空航天、船舶与海洋工程装备、机器人、先进轨道交通装备、先进电力装备、工程机械、高端数控机床、医药及医疗设备等产业创新发展。改造提升传统产业，推动石化、钢铁、有色、建材等原材料产业布局优化和结构调整，扩大轻工、纺织等优质产品供给，加快化工、造纸等重点行业企业改造升级，完善绿色制造体系。深入实施增强制造业核心竞争力和技术改造专项，鼓励企业应用先进适用技术、加强设备更新和新产品规模化应用。建设智能制造示范工厂，完善智能制造标准体系。深入实施质量提升行动，推动制造业产品“增品种、提品质、创品牌”
实施制造业降本减负行动	强化要素保障和高效服务，巩固拓展减税降费成果，降低企业生产经营成本，提升制造业根植性和竞争力。推动工业用地提质增效，推广新型产业用地模式。扩大制造业中长期贷款、信用贷款规模，增加技改贷款，推动股权投资、债券融资等向制造业倾斜。允许制造业企业全部参与电力市场化交易，规范和降低港口航运、公路铁路运输等物流收费，全面清理规范涉企收费。建立制造业重大项目全周期服务机制和企业家参与涉企政策制定制度，支持建设中小企业信息、技术、进出口和数字化转型综合性服务平台

《重庆市国民经济和社会发展第十四个五年规划和二〇三五年远景目标纲要》（以下简称重庆市《纲要》）也对重庆市的制造业高质量发展做出具体战略部署。根据该文件，“十四五”时期，重庆市将“把制造业高质量发展放到

更加突出的位置，培育具有国际竞争力的战略性新兴产业集群和先进制造业集群，巩固壮大实体经济根基，加快建设国家重要先进制造业中心，推动工业经济迈上3万亿级新台阶”。其主要举措包括实施战略性新兴产业集群发展工程、支柱产业提质工程、产业基础再造和产业链供应链提升工程三大重点工程，其具体内容见表1-6。

表1-6　重庆市《纲要》关于“十四五”时期重庆市制造业高质量发展的战略导向

主要举措	具体内容
实施战略性新兴产业集群发展工程	围绕全球科技革命和产业变革方向，推动战略性新兴产业集群化、融合化、生态化发展，培育支柱性和先导性产业，打造战略性新兴产业发展新引擎。围绕新一代信息技术、新能源及智能网联汽车、高端装备、新材料、生物技术、节能环保六大重点领域，集中优势资源培育一批产值规模超千亿元的产业集群和基地，带动全市战略性新兴产业规模迈上万亿级。推动互联网、大数据、人工智能等与产业深度融合，培育新技术、新产品、新业态、新模式。推动前沿技术、颠覆性技术创新和成果转化，积极构建先进技术应用场景和产业发展微生态，加快在空间互联网、生命科学等领域实现产业化、商业化，抢占产业发展先机
实施支柱产业提质工程	深入实施智能制造和绿色制造，加快发展服务型制造，推动电子、汽车摩托车、装备制造、消费品、材料等产业高端化、智能化、绿色化转型。丰富电子终端产品种类，完善配套体系，巩固世界级计算机、手机生产基地优势地位。加快高端、智能乘用车和商用车开发，拓展冷链物流、旅居等专用产品，建设国家车联网先导区。完善工程机械、电梯、农机等产业体系，加快通机等领域升级步伐，提升模具、齿轮、轴承等关键零部件水平，壮大装备制造业。深入实施“三品”战略，拓展营销渠道，加强设计创意植入，推动食品向营养、健康、方便方向发展，促进特色轻工向潮流、精致、个性化方向转型，提升消费品工业竞争力。面向城市建设和产业升级需求，发展优质钢材、绿色建材、精细化工，加快原材料领域结构调整
实施产业基础再造和产业链供应链提升工程	加快补链、延链、强链步伐，提升产业链供应链稳定性和竞争力，在构建自主可控、安全高效的现代产业链供应链中发挥重要作用。全面推进“链长制”，分链条做好供应链战略设计和精准施策，加快建设汽摩、电子、材料等产业供应链公共服务平台，推动全产业链优化升级。加大重要产品和关键核心技术攻关力度，着力突破核心基础零部件、核心电子元器件、工业基础软件、关键基础材料、先进基础工艺和产业技术基础等领域瓶颈，发展先进适用技术，开发硬核产品，推动产业链供应链多元化。深化品牌、标准化、知识产权战略，深入开展质量提升行动，加快建设质量强市，健全检验检测公共技术服务平台，提升重庆制造的影响力和竞争力。深入实施“大手拉小手”行动，培育一批产业生态主导型企业，推动“专精特新”中小企业集聚发展。优化产业链供应链发展环境，改善生产要素质量和配置水平

为深入贯彻落实习近平总书记重要指示精神和党中央关于推动制造业高质量发展的决策部署，2021年4月重庆市先后印发了促进制造业高质量发展

的意见及其相关配套措施——《关于进一步推动制造业高质量发展加快建设国家重要先进制造业中心的意见》（以下简称《意见》）、《支持制造业高质量发展若干政策措施》（以下简称《措施》）。其中，《意见》明确了重庆实施制造强市、培育具有国际竞争力的产业集群和建设高质量的国家重要先进制造业中心的战略定位导向，并从增强创新驱动能力、提升产业链供应链现代化水平、推进数字化转型、构建绿色发展体系、培育优质市场主体、促进区域协同发展、打造一流营商环境等方面提出具体任务。《措施》围绕《意见》部署，从鼓励创新发展、推动转型发展、培育优质企业、降低企业成本、强化要素和人才保障五个方面提出了23条针对性举措（见表1-7）。

表1-7 《措施》主要内容

主要举措	具体内容
鼓励创新发展	通过组建面向全行业提供技术服务的创新平台等方式，解决企业技术来源、成果转化和资金来源等问题
推动转型发展	通过强化智能制造、工业互联网支持引导企业智能化赋能；通过支持新产品开发促进高端化升级；通过对能效“领跑者”和绿色工厂给予政策倾斜促进绿色化发展；通过支持服务型制造和生产性服务业深化先进制造业与现代服务业融合
培育优质企业	通过“一企一策”方式，培育制造业领军企业和产业链“链主”企业；通过引导领军企业和“链主”企业就近配套，促进大中小企业融通发展
降低企业成本	以降低融资成本、物流成本、用能成本“三降”为重点，建立企业信贷风险共担机制降低融资成本，通过实行高速公路通行费“量价联动”降低物流成本，通过推动更多制造业企业参与电力市场化交易降低用能成本
强化要素和人才保障	支持重大项目布局、创新用地政策、通过促进人才培育与产业需求精准对接强化产业人才支撑

（三）本书对制造业高质量发展的内涵界定

综合已有研究和政策文件，我们认为制造业高质量发展应涵盖以下内涵特征：一是贯彻新发展理念，是将创新作为第一动力、协调作为内生特点、绿色作为普遍形态、开放作为必由之路、共享作为根本目的的发展。二是基于供给侧结构性改革，推动制造业实现结构优化、效率提升、动力增强、扩大开放，推进产业基础高级化和产业链现代化，有力保障产业链供应链安全，制造业创新力和国际竞争力显著增强，体现更高的价值链地位和安全稳定性。

三是供给体系和产业结构实现转型升级，实现总供给与需求总量及结构动态平衡发展，实现更有效率、更加公平、更可持续的发展，以满足人民日益增长的美好生活需要。四是龙头引领企业与中小微企业共生，既需要一批在国际上、行业内有强大竞争力和引领能力的领军企业、灯塔企业，也需要一批专精特新和强大创新力的中小企业，隐形冠军企业，形成良好的制造业发展生态。

三、制造业高质量发展的评价体系

从相关研究来看，学者从不同维度开展了区域或制造业质量评价指标体系研究。于涛、刘长玉等（2013）以区域产品质量为研究对象，选取了政府职责、经济发展、社会建设和技术创新四个方面构建区域产品质量综合评价指标体系。金升龙（2018）运用BP神经网络模型的方法构建了上海市制造业和服务业质量指数模型，对上海市四个行业进行了质量指数计算分析。马小平（2018）建立了由“产品实物质量”“产品技术水平”“产品市场竞争能力”“市场环境保证能力”四个二级指标及十个三级指标组成的宏观质量指标体系，对区域质量水平进行评价。中国工程院（2019）开展了制造强国战略研究，从产业评价的角度建立了涵盖规模发展、质量效益、结构优化、持续发展四大维度的“制造强国”评价指标体系。

四、制造业高质量发展的动力和路径

综合已有研究，根据来源、功能和价值等维度，将推动制造业高质量发展的动力机制分为创新动力、改革动力、开放动力、要素支持力、需求拉动力和人才支撑力等方面（魏后凯等，2019；杨伟民，2018），而推进供给侧结构性改革，鼓励“大众创业、万众创新”，大力推进发展数字经济，促进制造业融合发展，以产业链融合不断推动制造业走向全球价值链中高端，推进制造业投入要素的市场化配置等，均是推动制造业高质量发展的可行路径（余东华，2020）。其中，技术创新是推动制造业高质量发展和新旧动能转换的根本（刘欣欣等，2019；于涛等，2013），制造业服务化是制造业高质量发展的中心（金升龙等，2005），金融支持是制造业高质量发展的必要条件（马晓平，2017），同时政府的科学规划和引导可为制造业高质量发展提供良好的外部环境（任保平等，2018；蒋家东，2016）。

第三节 全球价值链理论应用：促进制造业高质量发展

通过提升产业在全球价值链中的位置，提升产业链安全性和稳定性，以此促进产业的升级转型和高质量发展，是全球化背景下推动供给侧结构性改革、加快产业高质量发展的重要路径。基于全球价值链理论，学者们对各国（地区）产业升级进行了研究，以下重点梳理其在制造业升级中的研究视角及成果。

一、制造业在 GVC 地位测度方法及应用实践

制造业在全球价值链中所处地位的测算。一是利用上游度指数，Fally（2011）、王金亮等（2014）通过测度制造业的中间产品在成为最终消费品之前所经历的生产过程个数进行衡量。二是利用全球价值链地位指数，Koopman（2011）、王岚等（2014）把制造业作为中间品提供者和需求者的重要性进行比较分析来测度。三是利用出口技术复杂度考察全球价值链对制造业国际分工地位的影响，如 Rodrik（2006）、Hausman et al.（2007）。另外，刘敏（2016）通过分析价值创造与价值分配及相关产品的关键核心技术和品牌掌控情况，得出西安装备制造业在全球价值链中处于低端位置，并运用 RUV 指数（全球价值链价值指数），分析西安装备制造业细分行业在全球价值链中的位置。

基于全球价值链促进制造业升级研究。余东华、田双（2019）采用 KPWW（Koopman，Robert Powers，William Wang，Zhi Wei，Shang-Jin）方法和广义最小二乘法（全面 FGLS）实证检验发现，嵌入全球价值链的地位与制造业转型升级程度之间存在“U”形关系，低端嵌入不利于制造业转型升级，迈过“拐点”后的中高端嵌入能够明显推动制造业转型升级。

二、提升制造业在 GVC 地位路径及举措

在实现路径方面，刘志彪等（2011，2013）主张整合国内价值链，支持国内制造业企业“抱团”进入特定的全球价值链，增强竞争力，促进区域市场合作和融合。Golaberg、Pinelopi et al.（2002）对欧盟 25 国、印度的实证研究表明，可利用中间品贸易的升级来实现制造业升级。蔡昉（2013）和张其仔（2014）认为，全球价值链上存在着“雁阵”式格局，通过参与全球价值链，向上游企业学习先进的管理和研发经验等，有助于处于价值链低端的企业积累知识资本。王珏（2017）等认为中国制造业在全球价值链上的嵌入式升级要由低端节点嵌入转向高端节点嵌入，由被动挤压嵌入转向主动创新嵌入，由要素增加嵌入转向要素优化嵌入。

第四节　本书的基本研究视角选择

一、探索进一步丰富拓展全球价值链的理论

在新的国际政治、经济、技术变革形势下，剖析全球价值链构建的驱动力新因素，进一步丰富全球价值链理论。全球价值链构建源于国际贸易的比较优势理论。20 世纪 80 年代至 21 世纪初较好的全球经济一体化和贸易条件，促成了中国等发展中国家通过“低端嵌入”等方式实现了制造业的快速发展壮大。自 2008 年国际金融危机以来，尤其是特朗普执政时期，以美国为代表的部分发达国家“逆全球化”行为、贸易保护主义日甚，各类贸易摩擦加剧，“政府强力干预”影响因素日益明显，全球原有的供应链和产业链分工加快重构。在内外变量共同推动下，我国正构建以国内大循环为主、国内国际双循环相互促进的新发展格局。与此同时，以信息技术、数字经济为代表的新一轮技术革命浪潮正盛，均将在一定程度上改变全球价值链的治理机制及动力

机制。本书深入分析新环境下影响全球价值链构建的动力机制，从之前学者们提出的生产者驱动、购买者驱动、混合型驱动三种类型出发，结合当前及未来全球价值链影响新因素，提出生产者驱动、购买者驱动、规制者驱动、混合型驱动四种驱动类型，以期进一步丰富拓展全球价值链理论。

二、探索推动制造业高质量发展的新路径

从全球价值链视角对制造业高质量发展的评价和推进路径进行探索，具有重要的理论和现实紧迫性。党的十九大报告指出，我国经济已处于新发展阶段，由高速增长转向高质量发展，《建议》指出在经济发展新阶段，“我国发展不平衡不充分问题仍然突出”。学界和政府对经济高质量发展，包括制造业高质量发展的方向、理念已达成共识，但就其评价体系还未达成共识，高质量发展的路径也有待因地制宜地进一步清晰。从全球价值链视角，通过评价国家（地区）制造业在全球价值链所处地位，从一个角度测度制造业高质量发展水平，并从全球价值链动力机制、治理机制等视角，提出提升制造业在全球价值链的地位和竞争力的路径，对于完善制造业高质量评价理论、助推国家（地区）经济高质量发展具有现实紧迫性。

三、探索推动重庆经济高质量发展、实现国家战略定位的具体路径

探索推进重庆制造业高质量发展的具体路径，是解决当前实体经济发展存在的困难、瓶颈和挑战，加快经济高质量发展步伐的关键，更是助推实现中央赋予重庆历史使命的关键。制造业是实体经济的主体，是重庆立市之本、强市之基。重庆作为我国老工业基地之一，制造业基础和体系较为完备，直辖以来在规模、结构和质量方面取得了显著成效，但也存在总量不大、结构不优、创新支撑不力等突出问题，整体处于全球价值链中低端水平。作为中西部唯一直辖市，重庆在国家战略地位和承担的历史使命不断提升。2016 年，习近平总书记视察重庆，提出了“两点”定位、“两地”“两高”目标和营造良好政治生态，做到“四个扎实”要求。2019 年，习近平总书记再次视察重庆时提出，重庆应发挥好“在推进新时代西部大开发中发挥支撑作用、在推

进共建‘一带一路’中发挥带动作用、在推进长江经济带绿色发展中发挥示范作用”的新要求。[①] 2020 年 1 月，习近平总书记在中央财经委员会第六次会议上做出加快推动成渝地区双城经济圈建设的新部署。2020 年 11 月，《成渝地区双城经济圈建设规划纲要》正式出台，明确指出推动成渝地区双城经济圈建设，有利于形成优势互补、高质量发展的区域经济布局，有利于拓展市场空间、优化和稳定产业链供应链，是构建以国内大循环为主体、国内国际双循环相互促进的新发展格局的一项重大举措。在此背景下，2019 年 3 月，重庆市政府通过《重庆市推动制造业高质量发展专项行动方案（2019—2022 年）》，提出加快建设国家先进制造业重镇的目标。本书从全球视角，剖析制造业发展问题，对接价值链升级，促进重庆制造业升级实现战略目标，意义重大。

四、为西部欠发达地区探索制造业高质量发展之路提供借鉴

重庆特殊的地理区位、制造业发展基础和探索出的新路径，对中西部类似地区制造业高质量发展具有积极的借鉴意义。重庆地处西部内陆，在国家“一带一路”建设继续走深走实背景下，发挥中欧（渝新欧）通道、西部陆海新通道等突出优势，由开放的内陆走向前沿，融入全球价值链体系的环境条件日益成熟优化。但当前及未来一段时期，以美国为首的发达国家“逆全球化”趋势日趋突出，重庆制造业在全球价值链中地位整体较低、竞争力较弱，突破“低端锁定”和“路径依赖”的路径寻求难度大。本书通过剖析区域制造业因地制宜嵌入全球价值链的机制、路径和举措，以期对地处内陆、制造业基础薄弱的西部地区提供借鉴。

---

① “两点”：西部大开发的重要战略支点，“一带一路”和长江经济带联结点；“两地”：内陆开放高地，山清水秀美丽之地；“两高”：推动高质量发展，创造高品质生活；“三个作用”：努力在推进新时代西部大开发中发挥支撑作用，在推进共建“一带一路”中发挥带动作用，在推进长江经济带绿色发展中发挥示范作用。

第二章

全球和重庆制造业价值链升级新因素及价值链机制新变化

当今世界正处于百年未有之大变局，全球化、区域一体化、城镇化、科技变革和技术革命仍是推动世界产业发展和产业链价值链布局、演变的主动力。市场力量推动的全球价值链进程仍将继续，但在非市场因素导致的“逆全球化”、新冠肺炎疫情等重大公共卫生安全事件等影响下，全球价值链呈收缩态势，其动力机制也将继续发生新的变化，混合动力因素更趋复杂。在此背景下，制造业提升价值链地位与高质量发展的理论基础和动力机制也将随之产生新的变化。面对国内外复杂多变的环境和因素，分层分类剖析重庆制造业高质量发展各类影响因素，分析其动力机制，对于提升重庆制造业在全球价值链中的地位、促进高质量发展具有重要的理论指导意义和现实意义。

第一节　国际、国内和重庆层面因素及特征分析

一、国际层面

新一轮科技革命和产业变革、新冠肺炎疫情等全球公共卫生安全事件、“逆全球化”和区域经济一体化发展新趋势及其背后的地缘政治相互交织影响、要素成本区域性变化等诸多因素，对全球价值链重构和布局带来深远影响。

（一）新一轮科技革命和产业变革扩大了产业发展边界，加速全球价值链和创新版图重构

从近年全球发展历程看，新技术总体上对全球价值链有推动作用。《2020年世界发展报告：全球价值链时代的贸易发展》指出：自动化、3D打印等新的生产技术，以及数字平台等新分销技术的出现，既创造了机遇，也带来了风险。但目前的证据表明，这些技术总体上在促进贸易和全球价值链增长。一方面，自动化鼓励各国减少使用劳动密集型的生产方法，降低了对发展中国家劳动密集型产品的需求，影响全球价值链延伸和布局，但是促进相关业务回流到国内的证据也有限；另一方面，自动化和3D打印等技术有助于提高劳动生产率、扩大生产规模、降低生产成本，也增加了发达国家从发展中国家进口生产要素的需求，有利于全球价值链增长。

近年来，面对科技革命和产业变革大趋势，美、欧、日、韩等主要发达国家（地区）纷纷加强对人工智能、量子信息科学、先进制造、生物技术、先进通信网络等前沿未来产业领域布局，持续加大研发投入力度，提前谋划颠覆性、变革性产业发展，未来产业引领的全球产业链价值链格局将加速演变。从目前各国在科技革命和产业革命竞相发展的态势及未来发展战略看，

关键行业技术革命将对全球价值链重构产生深远影响。

一是以人工智能为代表的新一代信息技术成为国际竞争焦点。人工智能、大数据、云计算、物联网、移动互联网、3D打印技术、机器人、智能终端、高端芯片等新一代信息技术、产品及其引发的新服务方式，正成为全球价值链的新驱动力，特别是人工智能技术作为新一轮科技革命的典型代表，正在引发全球范围内的生产力变革和全球价值链重构。世界主要发达国家已将人工智能提升到国家战略层面进行部署，人工智能成为大国竞争的新焦点。一方面，新一代信息技术与传统制造、加工等产业深度融合互动，催生新技术、新产品、新业态，带来传统产业的转型升级和产业边界模糊，推动传统产业价值链重构和升级。大数据、云计算和人工智能等信息技术嵌入实体经济各个环节，能够提高研发、生产、分配以及物流等环节的效率，提高价值创造速度和价值增值水平。另一方面，新一代信息技术产业自身快速迭代发展，同时也产生了一批新兴产业，形成规模更大、业态更丰的信息产业，并使其全球价值链重构和布局。从不同发展阶段的国家看，引入人工智能技术后，发达国家和发展中国家的差异会持续扩大，使发展中国家处于全球价值链分工中的不利地位。以中国为代表的发展中国家应加大本国创新投资的政策支持力度，通过专业化技术培训促进劳动与智能化技术充分融合，提升适配性，以更好地抓住人工智能技术带来的机遇，更好地应对其挑战，提升在全球价值链中的地位，摆脱“低端锁定”，从而迈入中高端（何宇等，2021）。从服务领域看，新一代信息技术引发数字贸易（贸易方式数字化和贸易产品数字化）快速发展，数字贸易作为数字技术与经济、社会深度融合和共同演进的产物，催生出大量的贸易新业态、新模式，重塑全球价值链。在传统的全球价值链中，更多由国际化程度较高的大型企业引领和占据，中小微企业特别是小微企业参与度相对较低。在数字贸易发展进程中，更多中小微企业融入全球价值链。阿里巴巴全球贸易网站数据显示，2021年以来阿里巴巴线上交易网站买家增长了6倍，单个订单金额从原来的3万美元/单慢慢下降到3000美元/单，逐步变小的趋势越来越明显。在数字贸易下，更多中小微企业的融入也将对全球价值链重构产生影响。

二是围绕空间、海洋开发的技术创新更加密集，带来航空航天、海洋开发等领域高端装备制造业拓展发展的新空间。在航空航天领域，以美国、俄罗斯、法国、中国、英国、德国为全球引领的国家，持续加大太空活动经费投入，发展航天科技，该领域的竞相发展态势将更加激烈。美国发布《国防航天战略》和新版《国家太空政策》文件，为美国航天领域未来10年的发展提供全面指导，并将太空视为战略发展重点。同时，在太空武器研发和部署、低轨小卫星星座建设、深空探测、载人航天等方面，美国及其盟友加大战略部署和实质推进。俄罗斯推出《“时代”军事创新科技园科技发展战略》，持续强化在高超声速领域的领先地位。法国加强太空作战能力，发布《太空防御战略》，组建太空司令部。在各国航天战略的引领下，各主要航天国家制定了未来较长一段时间的发展规划，涉及太空体系构建、商业航天、载人航天、高超声速武器、导航通信、太空态势感知、导弹预警、对地观测等诸多方面，航空航天高科技和制造领域的竞争更加激烈，产业发展空间将加速拓展。在海洋开发领域，海洋产业成为世界各国加快海洋资源开发和利用而竞相发展的热点领域，海洋工程装备制造业、海水利用、海洋生物医药产业等海洋新兴产业发展将保持快速增长态势。世界各国特别是沿海国家将海洋战略提升为国家战略，如日本提出将海洋纳入国家大战略和全球视野；韩国、澳大利亚提出以发展海洋产业为核心，实施海洋经济发展战略；美国、俄罗斯提出以海洋经济和海洋安全为核心的海洋战略。早在20世纪70年代，美国就提出了“海洋GDP”概念，海洋经济成为其经济的重要支撑。我国在党的十九大报告中提出构建海洋强国，落实陆海统筹；党的十九届五中全会进一步提出，坚持陆海统筹，发展海洋经济，建设海洋强国。

三是围绕应对气候变化、生态环境约束、绿色发展要求，新能源、低碳技术不断革新，推动新能源及装备、节能环保装备及服务等产业发展。目前，全球已经有54个国家实现碳达峰（见表2-1），占全球碳排放总量的40%，中国、马绍尔群岛、墨西哥、新加坡等国家承诺在2030年以前实现碳达峰，届时全球将有58个国家实现碳达峰，占全球碳排放量的60%。截至2020年11月底，全球超过30个国家和地区明确了碳中和时间表，合计碳排放量约占全球的一半。美国、欧盟、加拿大、韩国、日本、南非等国家和地区承诺2050年实现碳中和，中国将于2060年实现碳中和。全球共推碳达峰、碳中和战略目标，将对全球经济、社会发展带来巨大影响，新能源、节能环保等产业的发展将面临全球性的重构调整和巨大的发展机遇。在新能源产业领域，围绕碳达峰、碳中和目标，各国积极开展新能源技术和产品开发，全球能源转型加速，预计到2050年，全球可再生能源发电装机占比超过80%。在此背景下，可再生能源获得快速发展，据《可再生能源装机容量数据2021》报告称，2020年，全球可再生能源装机容量达到2799吉瓦，较2019年增长10.3%；新增可再生能源装机容量超过260吉瓦，其中太阳能、风能占新增可再生能源的91%。随着使用成本下降、新技术不断涌现、能源转型认可度的不断提高，可再生能源发展势头强劲，相应的新能源装备、节能环保装备等制造业也将得以快速拓展。

表2-1　全球主要碳排放国家中已实现碳达峰国家时间表

国家	时间（年）	国家	时间（年）
法国	1991	巴西	2004
立陶宛	1991	葡萄牙	2005
英国	1991	澳大利亚	2006
波兰	1992	加拿大	2007
瑞典	1993	意大利	2007
芬兰	1994	西班牙	2007
比利时	1996	美国	2007
丹麦	1996	冰岛	2008
荷兰	1996	日本	2012
瑞士	2000	韩国	2018

资料来源：经济合作与发展组织，前瞻产业研究院整理。

四是生命科学、生物技术带动形成庞大的大健康产业，正逐步成为保持全球经济增长的新动力。从全球生物医药产业发展趋势看，目前正处于生物医药技术产业化大规模快速发展阶段，将逐步成为世界经济的主导产业。当前，以美国、日本、加拿大、英国等为代表的发达国家健康产业增加值占本国 GDP 的 10%以上，其中美国已超过 15%，全球健康年支出总额占世界国内生产总值（GWP）的比重也超过了 10%。医疗健康支出比例与国家经济实力呈现明显正相关关系，健康产业成为仅次于制造业、电子信息业、金融保险业的最大新兴产业。大健康产业具有产业体系广、市场需求大、产业链条长、产业融合深、创造就业多、业态丰富等特征，已成为各国保持经济增长、促进社会进步的战略举措，大健康产业或将替代信息技术产业成为推动世界经济发展的新引擎和新动力。大健康产业发展的核心动力来自技术创新，其核心链条由企业链、价值链、技术链、产品链、空间链构成，生命科学和生物技术的变革，将快速推动大健康产业的全球价值链增长和布局调整。中国等发展中国家生命科学等技术的创新发展，为其在全球大健康价值链布局中抢占更多新机遇。

在上述重大技术创新及产业发展带动下，全球经济进入传统产业衰退或转型升级、新兴产业蓬勃兴起的技术范式变革期，进入产业链、价值链重构布局新时期。在技术角逐和竞争中，各国（地区）制造业嵌入全球价值链能否拥有更多创新发展机遇，将直接影响到相关制造业在全球价值链中的地位和竞争力的提升。

（二）新冠肺炎疫情加剧世界经济复苏曲折程度，影响 GVC 整体增长

始于 2008 年的全球金融危机，对全球经济造成巨大冲击，对全球价值链参与度产生负面影响。根据马林和基里奇的研究，金融危机前，全球价值链与机器人使用是相互促进的正相关关系，即在市场环境较好的时期，企业通过增加机器人使用和推动全球价值链两个手段来降低成本、扩大生产规模。金融危机后，全球价值链与机器人的使用呈现明显互相替代的负相关关系，即在产能过剩时，机器人将更多地作为全球价值链的替代品出现。如果新冠肺炎疫情导致经济不确定性上升 300%和利率下降 30%，则预计机器人的应用率将提高 76%，并导致全球价值链显著收缩。

联合国贸发会议全球价值链数据显示，从历史上看，全球贸易中的外国附加值（各国出口中包含的进口商品和服务）在 20 年的持续增长后于 2010—

2012 年达到峰值。2017 年外国附加值占贸易比重下降 1 个百分点，至 30%。与上一个十年相比，这个十年，无论是发达国家还是发展中国家，所有地区的全球价值链参与度增长都大幅下降。

始于 2019 年的全球新冠肺炎疫情，对处于恢复调整阶段的全球经济再度造成冲击，对全球供应链、价值链产生直接影响，GVC 增长停滞不前的态势可能进一步加大。作为全球重大突发公共卫生事件，新冠肺炎疫情对世界经济与各国经济的冲击是全方位的，其中全球价值链受到冲击的是非常直接、重要的环节和渠道。从宏观层面看，疫情影响下世界经济不确定性增加，恢复进程缓慢，IMF（2021 年 7 月）、OECD（2021 年 5 月）、世界银行（2021 年 6 月）对 2021 年和 2022 年全球经济增长预测分别为 6.0%和 4.9%、5.8%和 4.4%、5.6%和 4.3%。新冠肺炎疫情期间，由于用工受阻、物流不畅等，全球面临产品供应短缺问题，加大了全球价值链运行中的严重断层，暴露了以分布在几个大陆的主要企业和供应商之间高度相互依赖为特征的模式脆弱性，之前形成的以中国、德国、美国为中心的亚洲、欧洲、北美洲三大区域价值链之间及其内部价值链遭受严重冲击，甚至形成部分断裂。2021 年以来，由于芯片供给短缺，造成全球诸多手机、汽车厂商停产减量，生产经营遭受巨大打击。从影响机制看，新冠肺炎疫情对全球价值链的冲击主要是通过各国之间中间品贸易的渠道展开的。数据显示，进入 21 世纪以来，中间品贸易占全球贸易的比重平均约为 60%，在经济一体化程度最高的欧洲，其比重甚至高达 80%。从受影响的行业和国家看，技术与知识密集度越高的行业或国家，由于 GVC 后向参与度大于前向参与度，受到全球价值链供给冲击的影响越大。具体来说，对制造型行业（尤其是高端与复杂制造业）和国家（如中国、日本、德国、韩国等）来说，新冠肺炎疫情对全球价值链的影响以中间品供给冲击（后向关联）为主；对资源型行业和国家（如加拿大、澳大利亚、俄罗斯等）来说以中间品需求冲击（前向关联）为主；而对创新型行业（生物医药、航空航天等战略性新兴产业）和国家（如美国、英国等）来说则两种冲击兼而有之。

（三）“逆全球化”现象日益凸显，影响 GVC 增长及空间格局演变

全球价值链的参与程度受要素禀赋、地理区位、市场规模和政策体制等因素影响，尤其是一个国家（地区）在不同体制、机制下，采取的政策对全球价值链布局的影响日益扩大。基于对参与全球价值链的各种驱动因素的分析，《2020 年世界发展报告：全球价值链时代的贸易发展》梳理出推动一个国家融入更先进的全球价值链的一系列政策（见图 2-1）。如积极吸引外国直接投资（Foreign Direct Investment，FDI）的政策可以弥补本国（地区）资本、技术和管理技能等的不足；如国家（地区）之间技术交流、交易等的限制政策，不利于技术水平和创新能力相对落后的国家（地区）提升劳动生产率，进而对产业价值链分布产生非市场化的影响，强化价值分配的差距；如针对货物、服务等产品关税的提升或降低政策，将促进或削弱国家（地区）之间的贸易，进而促进企业选择向更有利的国家（地区）转移或投资，影响全球价值链分布。近年来，以美国为首的发达国家不断推行“逆全球化”政策和举措，已经并将进一步对全球价值链发展和布局产生极大负面影响。

全球价值链跨越国界，一个国家（地区）的政策行为或不作为可能影响其他国家（地区）的生产者和消费者，进而影响全球生产布局和价值分配。当前贸易冲突正导致保护主义和政策的不确定性增大，并阻碍全球价值链增长。自 2018 年以来，中美经贸摩擦日益加剧，美国通过加征关税、“科技脱钩”，以及采取各种政治和经济手段直接针对华为等高科技企业，不断加大对我国产业发展的遏制。其他发达国家和地区相继跟进，对中国采取各种形式的遏制，主要经济体之间以贸易为核心的冲突可能导致全球价值链的收缩或分裂，促使现有的全球价值链回流到本国或转移到新地点。美国、德国、日本等发达国家纷纷采取各种措施推进“制造业回流”和“再工业化”，抢占高端制造业的“高端竞争”。英国脱欧、美国“退群”等“逆全球化”现象日益突出，对全球以产品内分工和贸易主导的价值链分工和贸易体系影响巨大，既有的全球价值链和产业链分工与贸易体系面临逆转风险，传统全球化势头弱化，使全球价值链空间布局出现收缩迹象。从全球化差值（全球贸易增长-经济增长）看，近年呈现日益变小趋势，也是价值链收缩的具体体现，

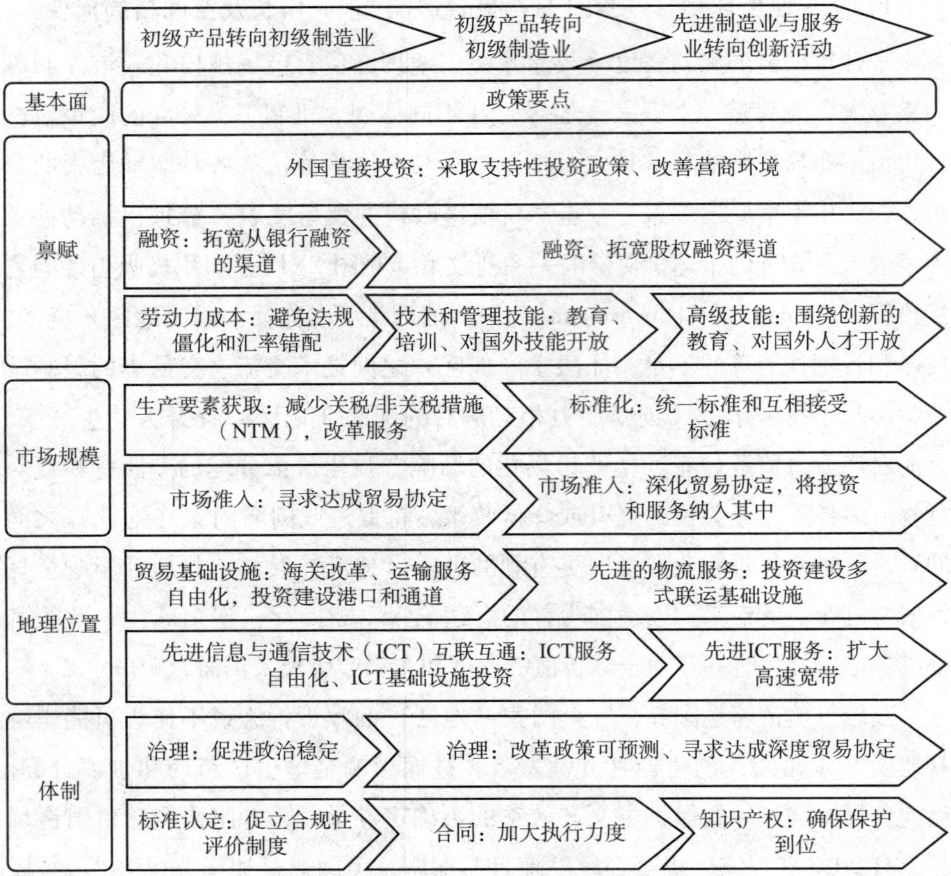

图 2-1　国家融入更先进的全球价值链的一系列政策

资料来源：《2020 年世界发展报告：全球价值链时代的贸易发展》工作组。

未来趋势不容乐观。另外，数字全球化强势推进，主要表现为从研发设计到生产制造的全链条全球化，为各国制造业全球化发展带来机遇。在此背景下，发达国家各类封锁举动与数字全球化的快速发展，将倒逼并进一步加快中国创新步伐。一方面是加快我国技术创新步伐，通过强化基础研究、应用基础研究、关键核心技术与颠覆性技术创新等，提高技术能力，提升制造业产业链、产品链自主创新能力和国际竞争能力。另一方面是制度创新步伐加快，通过对接高标准贸易和投资协定，倒逼国内改革，加快我国开放体制机制创新，进而提升我国产业在全球价值链中的地位。

（四）区域经济一体化进程加快，引导 GVC 地理空间格局调整

区域经济一体化组织早在 20 世纪 40 年代末期即已出现，21 世纪以来，区域经济一体化进入第三波浪潮，此轮浪潮的特点是区域贸易协定特别是双边自由贸易协定（Free Trade Agreement，FTA）在全球各地涌现，区域贸易协定越来越向深度一体化迈进。据 WTO 统计，截至 2021 年 3 月，累计生效的区域贸易协定数量已经由 1990 年的 22 个增长到 342 个，其中有 178 个与亚太地区有关。区域贸易协定涵盖的内容在不断丰富和深化，包括竞争政策、投资政策等直接影响跨国公司市场准入的措施，其中针对制造业的投资政策变得更加灵活和宽松，如印度、越南等一些发展中国家甚至承诺部分制造业部门不需要经政府审批，外商可直接进行投资。在此背景下，我国开放战略不断深入，党的十七大把自由贸易区建设上升为国家战略，目前我国已签署包括区域全面经济伙伴关系（Regional Comprehensive Economic Partnership，RCEP）在内的 21 个自贸区，中欧全面投资协定（Comprehensive Agreement on Investment，CAI）谈判完成，中国—海合会、中国—以色列等 10 余个自贸区正处于谈判进程中，中国—哥伦比亚等自贸区处于研究阶段。

区域一体化深入将通过降低贸易成本、促进国际直接投资等路径对全球价值链重构和增长产生影响。从国际贸易角度看，随着国际分工的不断深入和细化，商品特别是零部件和中间产品的跨境流动日益活跃，贸易成本对企业国际竞争力和向价值链高端提升的影响更为凸显。相关数据显示，通关不便、清关效率低、程序烦琐等问题对贸易的阻碍和影响往往超过关税、非关税措施。尤其是在零部件反复跨境的复杂价值链生产部门，如机动车、电信设备和机械制造等产业，上述现象更加突出，物流通关及相关贸易成本甚至达到了关税的 4 倍。区域贸易协定通过纳入贸易便利化措施（如海关管理、智慧通关等），有效提高了通关效率，降低了贸易成本，调动了跨国公司参与全球价值链分工的积极性。从国际投资角度看，与国际投资相关的制度安排会对各国提升全球价值链分工地位产生影响。在全球价值链分工模式下，跨国企业可以通过国际直接投资整合全球资源要素，提升其在全球价值链的地

位，从而带动和提升一国（地区）在该行业的全球价值链地位和全球竞争力。总体来看，FTA 的大力推进，将通过成员国间货物、服务、投资等领域市场准入进一步放宽，原产地规则、海关程序、检验检疫、技术标准等逐步统一，促进域内经济要素自由快速流动，强化成员间生产分工合作，进一步促进区域产业链供应链和价值链的融合及地理空间格局重塑。

（五）要素成本变化和科技进步改变各国在全球价值链中的地位

由于成本、政治等因素影响，制造业转移趋势日益显现，部分高端制造向美国、日本、德国等发达国家回流，中低端制造向东南亚、南亚、非洲等地转移。工业革命以来，全球产业经历了三次大的变革和全球性产业转移，形成了全球价值链布局的不同图景。当前，除以互联网产业化、工业智能化、工业一体化为代表，以人工智能、清洁能源、无人控制技术、量子信息技术、虚拟现实以及生物技术为主的全新技术革命的巨大影响外，各国（地区）资源要素成本的变化，也正在并将继续影响全球价值链重构。以我国为例，改革开放以来，中国凭借低廉的劳动力、土地、环保等成本，成为跨国公司布局生产制造环节的重要区域，快速融入全球产业链价值链供应链体系，成为世界“制造工厂”，连续 11 年保持世界最大制造业大国地位，我国制造业对世界制造业贡献的比重接近 30%，但总体仍处于全球价值链中低端，部分领域存在“低端锁定”的突出问题。近年来，随着我国经济发展水平的不断提升，相应的劳动力、资金、土地等要素的成本也快速增加，中国生产制造的成本优势逐步削弱，制造业外迁趋势日益明显，全球供应链的生产制造环节也逐渐从中国向成本更低的东南亚、南亚、非洲等区域转移，如耐克、阿迪达斯、三星等外资企业将其在中国开设的工厂转移到了越南，三星将越南建设成了其最大的生产基地。但与此同时，我国正从吸引跨国公司在华建立生产基地、采购基地逐步转变为吸引跨国公司在华打造研发基地和区域中心，在全球价值链中的地位将逐步提升。

二、国内层面

新一轮科技革命和产业变革与中国加快转变经济发展方式形成历史性交

汇，产业分工格局正在重塑，新发展理念深入实施，新发展格局正在加快构建，对中国抢占发展制高点、提升制造业在全球产业链价值链地位、培育竞争新优势提出了更高的要求。

（一）“双循环”新发展格局将重塑我国制造业产业链、价值链新格局

我国构建新发展格局已初步形成了逻辑完整、脉络清晰、内涵丰富的理论体系。面对当今世界“百年未有之大变局”，为迎接内外部发展环境条件变化带来的诸多挑战，抓住新的发展机遇，习近平总书记在2020年5月23日指出“逐步形成以国内大循环为主体、国内国际双循环相互促进的新发展格局”。2020年7月21日，习近平总书记在企业家座谈会上的讲话指出，“加快形成以国内大循环为主体、国内国际双循环相互促进的新发展格局”。2020年10月，党的十九届五中全会明确提出要加快构建以国内大循环为主体、国内国际双循环相互促进的新发展格局，并做出具体工作部署。随后，构建新发展格局被纳入《建议》和国家《纲要》，成为指导“十四五”乃至更长时期我国经济社会发展的重大战略。从内涵上看，构建新发展格局是事关全局的系统性、深层次变革，是立足当前、着眼长远的战略谋划；从理论上看，新发展格局是马克思主义政治经济学的应用和发展，揭示了中国经济发展的客观规律。习近平总书记强调：“新发展格局决不是封闭的国内循环，而是开放的国内国际双循环。”从我国国情出发，遵循大国经济发展客观规律，以畅通国内大循环为主构建新发展格局，是以国内分工和技术创新的发展推动国际分工和国际技术创新的发展，扩大内需是新发展格局的战略基点，提升自主创新能力、突破关键技术是关键。同时，应当特别认识到发展国内大循环不是让各地搞区域内循环或产业内循环，而是促进各个地区、各个产业之间的分工协作和贸易流通，畅通整个国民经济循环。

在新发展格局理念的指导下，需要根据新的环境条件变化，构建我国自主可控的全球价值链。全球价值链分工体系形成了“自稳定性”，但也有其脆弱性，决定了各国应选择符合自身特点的全球价值链参与模式。中国经济发展配套较雄厚、内部工业体系较健全、内部市场比较庞大，拥有比较完整的内部产业链和供应链，在全球价值链分工体系中占有重要位置，在一些重要

产业链供应链环节具有一定的话语权。但同时，新冠肺炎疫情的冲击也暴露了我国产业链供应链存在的诸多隐患和问题。在此情况下，我国有条件、有必要构建安全、稳定、可控的供应链和产业链，融入全球价值链（唐海燕，2021）。我国将进一步转变出口导向发展战略，挖掘强大的内需市场潜力和优势，利用我国具备的全球最完整、规模最大的制造业体系，强大的生产能力，完善的配套能力，把发展立足点更多放在国内，着力提升以我国为主的产业链、价值链、供应链，培育产业集群，提升制造业价值链地位和全球竞争力，维护产业链稳定性和安全性。同时，继续推进“一带一路”建设走深走实，更好地利用国内国际两个市场、两种资源，融入全球产业发展演变新版图，培育新形势下参与国际合作和竞争的新优势。

（二）实施创新驱动战略，将有力提升我国制造业在全球价值链中的地位和竞争力

创新驱动战略是新时期我国面对各类挑战、提升国际竞争力的必然选择。2012 年，党的十八大明确提出“科技创新是提高社会生产力和综合国力的战略支撑，必须摆在国家发展全局的核心位置”。强调要坚持走中国特色自主创新道路，实施创新驱动发展战略。实施创新驱动发展战略，涉及面广，是一项系统工程，其核心要义是中国未来的发展要靠科技创新驱动，提高自主创新能力，而不是靠传统的劳动力以及资源能源驱动。提高自主创新能力，是为了解决我国很多产业处于国际产业链、价值链中低端，资源消耗大、产出效益低、国际竞争力弱，以及很多“卡脖子”环节等问题，是将我国由“制造大国”建设为“制造强国”的必然选择。

在创新驱动战略推动下，我国制造业创新发展成效逐步显现，在参与全球价值链构建和竞争中的地位发生变化。2015 年 5 月，国务院发布《中国制造 2025》，这是我国实施制造强国战略的第一个十年行动纲领，针对制造业存在大而不强，在自主创新能力、资源利用效率、产业结构水平、信息化程度、质量效益等方面差距明显等问题，提出总体思路及战略路径，特别突出创新驱动基本方针。随着创新驱动战略的深入实施，我国制造业参与全球竞争的

实力和地位有了较大提升。2019 年 12 月 29 日，中国人民大学课题组在第八届汇智公共经济论坛上发布的一份报告指出，中国在全球产业链分工中的位置上移，从风险低、收益低的“与发展中国家竞争、与发达国家合作”模式转向风险高、收益高的“与发达国家竞争”的模式，在高铁、核电、航空航天等领域中，中国将直接参与全球竞争。面对以美国为首的发达国家针对中国产业发展的遏制及日益严峻的国际政经环境，2019 年，中央经济工作会提出“着力提升产业基础能力和产业链现代化水平”，创新能力提升是实现这一战略目标的核心内容，着力推动我国产业链价值链国际地位的提升。

（三）一批在全球有话语权的跨国企业快速成长，带动制造业 GVC 地位逐步提升

跨国企业是推进全球价值链构建的重要力量，是生产者驱动、购买者驱动及上述二者形成的混合驱动力机制实现的推动主体。20 世纪 90 年代以来，在经济全球化浪潮推动下，跨国公司向全球公司转型成为亮点，跨国公司突破传统的国家地理界限，将价值链各个主要环节布局到全球，吸纳和整合全球最优质资源（大批跨国公司海外资产、海外员工、海外销售额的比重均超过半数），增强企业竞争力。随着企业价值链延伸到全球，带动形成全球价值链（桑百川，2016）。国家（地区）具有全球竞争力的跨国企业数量、规模、类别，很大程度上决定了该国（地区）产业在全球价值链中的地位和国际竞争力。改革开放以来，我国逐渐成长出一批跨国龙头企业，带动我国制造业在全球布局，嵌入全球 GVC 并逐步提升在其中的地位和竞争力。2019 年美国《财富》杂志公布最新一期世界 500 强排行榜，有 129 家中国企业上榜，较 2015 年增加 23 家，首次超过美国世界 500 强企业总数（121 家）。华为、联想、格力、小米、中车等跨国企业成为我国制造业发展的开拓者和引领者，基本形成全球布局、从上游研发至下游回收利用的产业链条。同时，诸多跨国企业在智能化方面走在前列，从生产、管理至全球营销方面融入加大数字化应用，在产业链、价值链、供应链上逐步形成具有影响力的话语权。但同时，分析我国世界 500 强上榜企业，也存在一些亟待弥补的弱项：一是从行业结构看，制造业实力相对较弱。有54家银行业公司上榜，占42%，是上榜数量最多的行业，近半数利润来自银行。所有上榜的房地产行业企业（5家）均来自中国。在制造业领域，中国上榜企业有数量较多的金属制品企业、工程建筑企业、汽车企业及两家药企，制造业领域整体竞争力不足。二是从盈利能力看，未达到平均水平。世界500强企业的平均利润为43亿美元，中国上榜企业的平均利润为35亿美元。销售收益率和净资产收益率两个指标也不尽如人意，上榜中国企业的平均销售收益率为5.3%，低于美国企业（7.7%）和全球平均水平（6.6%），平均净资产收益率为9.9%，低于美国企业（15%）和全球平均水平（12.1%）。可见，要充分发挥跨国企业在参与全球价值链中的作用，提升我国制造业在全球价值链中的地位，已经具有了较好的基础，但还需要在行业结构、盈利能力、全球资源整合能力等方面着力突破。

（四）新时期国家开发开放战略深入实施，为西部地区制造业提升全球价值链地位、促进高质量发展营造有利环境

共建“一带一路”、长江经济带发展、黄河流域生态保护和高质量发展、新时代西部大开发、西部陆海新通道战略、成渝地区双城经济圈建设等国家愿景和战略深入推进，有利于西部地区在更大范围扩大开放、深化合作、配置资源，融入并提升在全球价值链中的地位。

在国内区域发展战略导向下，在参与国内大循环的过程中，西部地区制造业发展将获得新的机遇。沿长江、黄河流域发展战略，西部大开发，成渝地区双城经济圈建设等开发战略实施，国家将从统筹全国区域协调发展角度，引导沿海发达地区产业资源、人才资源、重大项目等向西部地区布局，引导沿海地区制造业向中西部地区转移，为西部地区制造业发展提供更多外部动力和机遇。同时在绿色发展、创新发展等方面赋予西部地区先行先试权利，通过体制机制创新动力的进一步释放，增强西部地区制造业发展的内生动力，为西部地区制造业在做大规模、提升层次方面创造更多机会。

联动国内开发战略，对外开放是构建新发展格局的重要内容，为西部地区制造业参与全球价值链提供机遇。“一带一路”、西部陆海新通道等对外开放战略实施，将地处开放末梢的西部地区推向了我国开放最前沿，西部地区制造业在承接沿海产业转移中积极拓展国家价值链（National Value Chain，NVC），并通过向西（新亚欧大陆桥经济走廊、中国—中亚—西亚经济走廊、中巴经济走廊），向东（长江经济带），向南（中国—中南半岛经济走廊、孟中印缅经济走廊、西部陆海新通道），向北（中蒙俄经济走廊）等通道，通过“引进来”“走出去”加大合作、拓展产能和市场，更大范围和更高水平地融入全球价值链。如在向西开放方面，重庆开创的中欧班列（渝新欧）通道，搭建起了我国向西与欧洲最短的陆上运输通道，促进了沿线国家和地区的产业链价值链的共建发展，集结货源不断丰富，去回程货源地囊括国内西南、华东、华南及国外东西欧、俄罗斯、中亚、东盟、日韩等地，产品覆盖 IT、整车、机械、医药、奶粉、日用品、国际物流等。与保时捷、法拉利、长安、东风等国内外知名品牌商进出口开展合作，奶粉、精密仪器、高端医疗器械等高货值业务不断增长。在向南开放方面，重庆通过西部陆海新通道承担起了重要的使命并取得积极成效。《西部陆海新通道总体规划》中明确了西部陆海新通道是“推进西部大开发形成新格局的战略通道、连接‘一带’和‘一路’的陆海联动通道、支撑西部地区参与国际经济合作的陆海贸易通道、促进交通物流经济深度融合的综合运输通道”。重庆是西部陆海新通道两大主通道起点，是西部陆海新通道的物流和运营组织中心，随着《区域全面经济伙伴关系协定》（*Regional Comprehensive Economic Partnership*，RCEP）的加快推进实施，通过通道及运营中心，重庆及西部地区可进一步扩大东盟原材料资源、优质农副产品、特色食品、热带水果等进口，为西部地区提供制造业原材料支撑并释放消费市场潜力，同时将西部地区电子信息产品、机电产品、消费品等输送出去，拓展南向海外市场，也带动相关产能积极“走出去”，开拓国际市场。

（五）我国制造业提升价值链地位也面临着一些突出问题和挑战

从制造业发展的整体情况、区域布局、要素支撑等视角看，提升我国制造业全球价值链地位还面临诸多问题和挑战。

一是我国制造业整体处于GVC中低端环节，制造业及技术密集型行业的地位相对较低。基于《2020年世界发展报告：全球价值链时代的贸易发展》，测算出我国在全球价值链中的地位指数均为正，表明中国在全球价值链中主要以前向参与为主，偏向于价值链的前端，在全球竞争力相对较低（高钰婷，2021）。整体来看，我国制造业从20世纪90年代初以附加值低的加工组装环节切入全球价值链，近年虽有所提升，但仍面临在全球价值链“低端锁定”的困境，高端制造核心及关键零部件缺失，产业链价值链基础能力较弱，突破提升面临较多瓶颈制约。从行业分类看，我国初级产业和服务业的全球价值链分工地位明显高于制造业，且与领先国家（挪威、英国、美国）差距大，技术密集型行业全球价值链分工地位明显低于劳动密集型行业，体现出我国在技术上缺乏竞争力的客观问题（葛海燕等，2021）。

二是制造业发展区域差距较大，亟待拓展NVC。中间品贸易是地区经济融入全球价值链的重要途径和手段，受到地区经济和贸易发展水平及结构、制度环境等因素的影响，不同国家和地区的经济发展实践体现出不同的结果。中间品前向关联显著缩小了东部省份的地区差距，但扩大了西部省份的地区差异，后向关联扩大地区差距的作用仅在中部省份显著存在（王彦芳，2021）。之前我国加入GVC的地区主要集中在东部沿海，造成区域发展较大差距，如何将其延伸至中西部地区，进而拓展为NVC，促进我国中东西部经济协调发展，是亟待解决的重要问题。

三是各类要素及发展环境支撑不足。从价值链驱动因素看，人才、资金等支撑保障不足，国际化、法治化、便利化营商环境还有待优化，各领域支撑短板亟待弥补。在人力资源方面，制造业人才结构性过剩与短缺并存问题突出。低技能人才供过于求，中高端技能人才供给严重不足，特别是在战略性新兴产业高精尖领域，人才需求增速大，各地展开了针对复合型人才和科技领军人才的“抢人大战”，可见其短缺问题突出。据教育部、人社部、工信部联合发布的《制造业人才发展规划指南》（教职成〔2016〕9号），预计到2025年，新一代信息技术产业、高档数控机床和机器人、航空航天装备、海洋工程装备及高技术船舶、先进轨道交通装备、节能与新能源汽车、电力装备、农机装备、新材料、生物医药及高性能医疗器械等十大制造业重点领域人才缺口将接近3000万人。资金供给方面，制造业融资问题，特别是广大中小制造业企业融资难题一直存在，更加安全、高效的融资体系及金融生态环境支撑不足，金融科技发展水平对战略性新兴产业发展的影响巨大，但其发展面临网络安全问题、公平的市场竞争、明确数据权益归属、数据跨境流动国际协调等诸多挑战。从国际化营商环境看，虽取得了积极成效，但也存在亟待改善的问题。世界银行发布的《中国优化营商环境的成功经验：改革驱动力与未来改革机遇》专题报告指出，中国近年来在“放管服”改革优化营商环境领域取得了巨大成就，在过去两年里，中国在世界银行《营商环境报告》中的排名从2018年的第78位跃升至2020年的第31位，连续两年跻身全球改革步伐最快的前十个经济体之列。在执行合同、获得电力等领域，中国目前已接近或位于全球最佳实践的前沿。但我国营商环境改善仍存在政策执行的“最后一公里”问题，2020年11月，财政部、中国财政科学研究院通过调研形成了《2020年“企业成本”调研报告》，发现有些地方存在涉及多个部门的政策时“政策不一致”“政出多门”等问题，导致出台的部分政策让基层审批部门或企业不知所措。

三、重庆层面

“十四五”时期，重庆制造业总体处于转型升级关键期，比较优势依然明显；服务业处于现代化发展突破期，未来与制造业深度融合的潜力巨大；农业处于第一、第二、第三产业融合期，“接二连三”趋势凸显；而新兴产业和未来产业处于孕育期，新动能加快形成。当前，重庆制造业提升价值链地位与实现高质量发展既面临国际、国内层面的环境及影响因素，也受自身特殊的环境及条件影响，主要体现在三个方面。

（一）从重庆发展宏观层面看，制造业发展外部环境条件较好

重庆作为西部地区唯一直辖市，承担着重要的历史使命。近年，习近平总书记先后对重庆提出了“两点”定位、“两地”“两高”目标、发挥“三个作用”和成渝地区双城经济圈建设的重要指示要求，重庆在国家、区

域中的战略地位日益提升，自贸试验区、中新（重庆）战略性互联互通示范项目、西部陆海新通道物流运营和组织中心、各类国家级开发开放平台和市级开发平台集聚布局。2020 年 1 月，党中央正式提出推动成渝地区双城经济圈建设，10 月中共中央政治局审议通过《成渝地区双城经济圈建设规划纲要》并于 2021 年 10 月正式发布，未来成渝两地将努力在推进基础设施互联互通、构建现代产业体系、提升协同创新能力等七大任务方面下功夫、见实效，在西部形成支撑和带动全国高质量发展的重要增长极和新的动力源。制造业高质量发展是构建现代产业体系的核心支撑内容，国家及成渝两地达成共识、集聚资源，将推动打造高水平汽车产业研发生产制造基地，培育世界级装备制造产业集群，培育特色消费品产业集群，共建西部大健康产业基地，推动制造业高质量发展，制造业发展具备前所未有的外部动力源。

具体来看，围绕进一步发挥好“三个作用”，给全市制造业发展带来诸多机遇并提出新的要求：

一是努力在推进新时代西部大开发中发挥支撑作用，大力推动高质量发展，有利于重庆进一步强化成渝城市群一体化发展、渝黔产业合作，提升制造业集聚集群发展水平。重庆将持续聚焦高质量、供给侧、智能化深度发力，实施以大数据智能化创新引领的产业升级行动，加快推动汽车、电子等支柱产业向高质量制造业升级，培育壮大物联网、生物医药、集成电路等战略性新兴产业，做优做强总部经济和金融、物流、会展等现代服务业，大力推动研发创新、补链成群和数字产业化、产业数字化，着力拓宽智能产业、数字经济等产业发展空间。上述系列战略必将在提升重庆制造业发展规模的同时，通过优化产业生态，促进制造业和生产性服务业融合发展，优化制造业结构，提升制造业发展能级，提升其在全球价值链中的地位。

二是努力在推进共建“一带一路”中发挥带动作用，加快建设内陆开放高地，为重庆制造业发展带来国际合作机遇，塑造具有国际竞争力的先进制造业集群。全市“1+2+7+9”① 引领性开放平台功能优化，中欧（重庆）班列高效运行和西部陆海新通道加快建设，有利于重庆对接“一带一路”沿线国家的市场需求，创新“物流+贸易+产业”运行模式，以物流、贸易等领域合作为重点拓展与“一带一路”沿线区域的“一对一”产业合作，共建产业园区、物流中心、保税仓库等，加快构建内陆国际物流枢纽，从而加快承接东部沿海的加工贸易，倒逼重庆现有制造业转型升级，培育与国际市场对接、与国家战略契合、与市场需求相符的先进制造业集群和枢纽经济。

三是努力在推进长江经济带绿色发展中发挥示范作用，加快建设山清水秀美丽之地，促进长江沿线地区牢固树立绿水青山就是金山银山“两山论”，提升重庆制造业绿色发展水平。坚持新发展理念，全面落实“共抓大保护、不搞大开发”方针，重庆长江沿线协同探索以生态优先、绿色发展为导向的发展之路，不断提升绿水青山“颜值”，做大金山银山“价值”，努力实现百姓富、生态美有机统一，从而加大力度择优集群集聚发展沿江绿色制造业，构建生态产业化、产业生态化的生态产业体系。

（二）从重庆制造业自身发展客观实际看，奠定了转型升级高质量发展的较好基础

作为六大老工业基地之一，重庆具有较好的制造业基础，从产业门类到制造业的管理、技术工人等条件均较为齐备。当前，基本形成汽车、电子信息两大产业集群，新材料、生物医药、消费品等制造业集聚发展态势较好。同时，智能制造、高端制造发展势头向好，具备较好提升全球价值链地位的条件②。

---

① 1+2+7+9：“1”指 1 个国家级新区：两江新区。“2”指 2 个国家级特色开放创新区：中国（重庆）自由贸易试验区和中新（重庆）战略性互联互通示范项目。“7”指 7 个国家级开发区：3 个国家级经济开发技术区（重庆、万州、长寿），4 个国家级高新技术产业开发区（重庆、璧山、永川、荣昌）。“9”指 4 个海关特殊监管区（两路寸滩保税港区、西永综合保税区、江津综合保税区、涪陵综合保税区）；1 个国家检验检疫综合改革试验区；4 个保税物流中心，即铁路保税物流中心（B 型）、南彭公路保税物流中心（B 型）、万州保税物流中心（A 型）、果园港保税物流中心（B 型）。

② 详见本书第三章重庆制造业现状分析基于 GVC 理论。

（三）重庆制造业提升价值链水平、加快高质量发展也面临较多问题和挑战

客观分析，重庆制造业目前正处于由高速增长向高质量发展、新旧动能转换的关键期和阵痛期，提升价值链水平、加快高质量发展也面临较多问题和挑战。从“先进制造业城市发展指数”（赛迪智库发布）看，2020年重庆仅为55.1，位于全国第12位，较第一位的上海低29.3，低于周边的成都（62.2）、武汉（61.5）。全市制造业处在全球价值链低端，存在明显的“路径依赖”，核心技术及品牌掌控弱，创新水平和能力较低，突破发展基础较弱。制造业发展需承担较大的生态环境成本。重庆是长江上游重要的生态屏障，三峡库区、武陵山区生态环境脆弱，生态保护和修复任务艰巨，制造业高质量发展进程中需承担较高的生态环境成本，如何寻求产业生态化和生态产业化的绿色发展新路径，提升制造业绿色发展能力，是制造业高质量发展必须面对的问题。与发达国家、国内发达省市相比，重庆制造业在产业集聚度、产业创新能力、产业链整体水平等方面仍有较大差距。

1. 产业集群发展水平不高

近年来，重庆大力培育了一批制造业支柱产业，部分产业已经形成了一定的空间集聚，具备了打造产业集群的基础，但是产业规模不大，产业空间聚集效应不强，在国内外的影响力也不够。主要体现在以下方面：

一是支柱产业规模不大。从制造业各支柱产业的规模看，目前全市制造业还缺乏万亿级产值规模的产业。2019年，除电子信息产值超过5000亿元外，其他产业均未超过5000亿元。其中，材料（包含化工、冶金、建材）产业达到4000亿元，汽车、消费品产业产值超过3000亿元，装备产业产值接近2000亿元，摩托车、医药等产业产值均未达到1000亿元。综合来看，大部分制造业支柱产业还处于壮大规模阶段，现阶段尚不具备推动产业加快提升质量效益的能力，全市制造业实现高质量发展的基础尚不十分牢固。

二是产业空间集聚效应不强。目前，全市有全国影响力的产业集群还比

较缺乏，除汽车、电子等产业集群有一定影响力外，其他支柱产业集群化发展不够，影响力还不高。国家级战略性新兴产业集群仅有重庆市巴南生物医药产业集群（重庆国际生物城）1 个，国家级先进制造业集群仍是空白。全市众多产业园区分工仍然不够明晰，各园区的产业集中度不够、产业特色不鲜明，大多数区县确立的主导产业都在 3~4 个，个别区县超过 5 个，且主导产业的范围过大，多为装备制造、电子信息等大行业，聚焦度不够，各区县产业特色产业功能区、产业生态圈尚未形成。

三是各区域板块内区县产业同质化，未形成错位发展合力优势。由于缺乏产业规划统筹，目前各板块内区县产业较为雷同，招商引资仍然处于相对无序状态，通过地价、税收、贷款贴息等优惠政策进行恶性竞争的情况仍然存在，导致区域产业集群规模较小，同质化发展突出，难以形成集群规模经济优势，渝东北三峡库区城镇群和渝东南武陵山区城镇群两大城镇群生态优势向经济优势转化滞后，亟须推动区域错位抱团发展。

2. 产业创新能力不强

近年来，全市大力实施创新驱动发展战略，产业创新能力不断提升，但是对比国内外发达地区，全市产业链、创新链融合程度低，产业核心技术亟待突破，产业创新体制机制还有待优化。

一是创新投入结构不优。目前，重庆科技创新投入规模整体偏小，2019 年全市研发经费投入仅约为 470 亿元，研究与试验发展经费投入远落后于沿海发达地区（见表 2-2）。从经费投向看，基础研究、应用研究、试验发展占全社会研发投入比重分别为 5.1%、11.8%、83.1%，从“0”到“1”的原创性成果较少。从研发主体看，2020 年全市规模以上企业研发投入 360 亿元左右，强度（1.6%）排名虽全国靠前，但主要集中在长安、京东方等少数企业，中小企业研发投入普遍不足。产品研发设计存在短板，新产品产出数量总体偏少，2020 年开发数 1.4 万余项，仅为全国的 2%左右。

表 2-2　我国四大创新集聚区研发投入比较（2019 年）

创新聚集区	核心城市	研发投入规模（亿元）	研发投入占 GDP 比重（%）
长三角创新中心	上海市	1524.6	4.00
	苏州市	625.2	3.25
	杭州市	530.4	3.45
	南京市	469.1	3.28
	总计	3149.3	3.62
深港创新圈	深圳市	1328.3	4.93
	广州市	677.7	2.87
	东莞市	290	3.06
	佛山市	287.4	2.67
	总计	2583.4	3.65
京津地区	北京市	2233.6	6.31
	天津市	463	3.28
	总计	2696.6	5.45
成渝双城经济圈	重庆市	469.6	1.99
	成都市	452.5	2.66
	绵阳市	186.3	6.52
	总计	1108.4	2.55

资料来源：《21 世纪经济报道》、21 世纪经济研究院，http：//news.hexun.com/2020-11-18/202451835.html。

二是支撑性创新平台缺乏。重庆科技基础设施还比较落后，目前全市大科学装置仅有 1 个（超瞬态实验装置）且刚刚起步建设，国家重点实验室、国家工程技术研究中心各仅有 10 个，重点大学数量也很少（见表 2-3）。创新资源与产业发展协同性不强，制造业领域高端产业创新平台布局较少，尤其是具备国家重大战略支撑能力的技术创新平台极度缺乏。高校和科研院所面向市场的基础研究较为缺乏，行业共性技术供给不足。部分项目投资大、周期长、风险高的基础科学研究薄弱，基础理论、核心算法、关键芯片等核心技术突破存在根本性障碍，关键技术、核心产品自力更生仍需较长时间。

表 2-3 2019 年重庆市重要创新载体数量

重庆市	重点实验室		工程技术研究中心		新型研发机构	
	国家级	市级	国家级	市级	高端	其他
	10	172	10	354	34	49

三是创新激励机制不完善。重庆企业研发能力虽在西部排名第二位，但由于缺乏系统完善的创新激励机制，研究型高校和科研院所数量少且创新能力不强，也缺乏承接重大科研项目的国家级平台，加之基础研究投入不足，研发投入强度没有达到全国平均水平。与东中部先进省市相比，重庆基础创新能力较弱，加上本地高校、科研院所与企业之间紧密的合作机制还未形成，高校、科研院所的科技成果在重庆本地实现产业化的较少，导致产业自主创新关键核心技术缺乏。同时，由于重庆传统制造型中小企业占比较大，对产品研发的意识和经费投入均不足，企业研发主要集中在少数龙头企业，还未形成以龙头企业为引领、众多中小企业为支撑的创新生态。

3. 产业链整体水平不高

总体来看，重庆市传统产业占比较大，产业链总体处于中低端水平，“缺芯”“少核”“低附加值”等现象较为明显，产业链整体水平不高。

一是传统产业占比较大，高新产业发展不充分。重庆制造业传统产业比重大，燃油汽车、装备、消费品等传统产业比重大，技术含量低的低端低效产能过剩，而生物医药、高端装备、新一代信息技术等战略性新兴产业或产业高端价值环节发展不足。2019 年，重庆战略性新兴制造业和高技术制造业的增加值占全市工业比重分别为 25.0%、19.2%，虽然比 2015 年的 13.3%、12.4%有大幅提高，但对比东部沿海发达地区差距仍然较大（见表 2-4）。智能化、绿色化等节能环保技术应用水平仍需提高，资源利用效率仍需提升，2019 年重庆万元工业增加值用水 42.2 立方米，高于 38.4 立方米的全国平均水平，也高于广东 24.0 立方米和浙江 17.9 立方米的水平。制造业与服务业融合还较为滞后，体现在生产性服务业发展滞后于制造业发展，生产性服务业行业结构与制造业需求结构匹配耦合不足，生产性服务业集聚与制造业集聚空间分布对接上也存在不足。智能制造整体应用处于初级阶段，开展网络化协同、个性化定制的企业占比不到30%，开展远程运营维护的企业仅占5%。

表2-4　主要省市高新技术产业占工业经济的比重　　单位：%

年份	全国	重庆	四川	成都	上海	江苏	浙江	广东	深圳
2019	14.4	19.2	29.2	43.9	32.4	44.4	54.5	32.0	67.0
2018	13.9	18.0	27.6	—	30.6	43.7	51.3	31.5	66.3

注：1. 全国口径的高技术制造业包括医药制造业，航空、航天器及设备制造业，电子及通信设备制造业，计算机及办公设备制造业，医疗仪器设备及仪器仪表制造业，信息化学品制造业。

2. 全国、重庆、浙江、广东、深圳为高新技术增加值占工业增加值的比重；四川、成都为规模以上高新技术产业营业收入占规模以上工业的比重；江苏是高新技术产业产值占规模以上工业总产值的比重。

3. 上海为战略性新兴产业产值占规模以上工业总产值比重，战略性新兴产业包括节能环保、新一代信息技术、生物、高端装备、新能源、新能源汽车、新材料等。

二是支柱产业大多处于价值链中低端环节。全市支柱产业发展大多没有掌控产业链供应链核心环节，系统集成能力较弱。分领域看，汽车、摩托车缺少国内外有影响力的标志性品牌和高端产品，以中低端传统车型为主，新能源、智能网联汽车比重较小，其中“三电”系统、摩托车电喷技术等关键核心零部件大部分仍依赖外购，绝大部分车载控制器、车载芯片、半导体依赖国外供应链进口，汽车制造关键设备外购比重达70%。电子信息产业规模虽较大，但以代工为主，在全球价值链分工中属于附加值较低的生产加工环节，研发和销售均不在重庆。从集成电路来看，目前集成电路企业70%以上集中在技术门槛低、轻资产投入的设计环节以及工艺水平较低的功率器件、后端封装测试领域，先进制程逻辑芯片、原材料企业发育不足，计算机和服务器通用处理器领域中95%的高端专用芯片、70%以上的智能终端处理器及绝大多数存储芯片依赖进口。高端装备生产以组装集成为主，研发端及制造核心环节很少在本地进行，面临基础性零部件精度低、材料达不到技术要求等制约，装备行业中数控系统、减速机、高端传感器等关键核心配件也高度依赖进口，90%的高端传感器、高档数控机床，80%的集成电路芯片制造装备，70%的工业机器人依靠外购。新材料上游环节、生产工艺中高纯度高精度辅材基本上依赖进口。生物医药面临仿制药为主，自主创新产品少的情况，中药材多有简单粗加工、附加值不高等问题。消费品工业和农副产品加工业中低附加值产品居多，国内外知名品牌培育不足，产品竞争力不强。

4. 市场主体竞争力不强

近年来，重庆大力培育市场主体，并取得一定成效，但总体来看，全市制造业企业呈现出“小、散、弱”的特点，企业品牌影响力普遍偏弱，企业竞争力不强。

一是龙头企业总体比较缺乏。2019 年，重庆规模以上工业企业数量近 6700 家，但引领带动产业发展的龙头企业少，制造业年营业收入超过千亿元的企业仅长安汽车股份有限公司 1 家，百亿级企业仅有 20 家（均以独立法人计），百亿级企业数量与江苏（145 家）、广东（130 家）、山东（107 家）差距大。重庆本土企业无 1 家进入世界 500 强企业和中国 100 强企业，仅有 15 家上榜 2019 中国制造业 500 强企业。上市企业数量不多，截至 2019 年年底，重庆在沪深上市企业 53 家，占比仅为 1.39%，数量仅约为成都（103 家）的一半，总市值超过 500 亿元的制造业企业只有智飞生物 1 家。上市企业中医药制造业、汽车产业分别有 8 家、6 家，数量相对多一些，但电子信息、装备、材料等上市企业数量少，对支柱产业培育的支撑较弱。综合来看，重庆制造业引领性企业培育不足，产业集群带动能力还不强。

二是科技型企业不足。科技型企业是产业中创新最活跃、增长最快的市场主体，代表了区域产业发展活力。重庆科技型企业虽达 2.6 万家，但绝大多数为中小微企业，既缺乏有全国影响力的龙头企业，也缺乏“独角兽”企业。以高新技术企业为例，目前全市有效期内的高新技术企业有 4222 家，仅占全国总数的 1.5%。国家级“专精特新”“小巨人”企业数量仅占全国的 2%。

三是“隐形冠军”企业数量少。从国际看，根据 2019 年第二届中国国际进口博览会“隐形冠军”发展高峰论坛上赫尔曼·西蒙发布的统计，目前全球共发现近 3000 家“隐形冠军”企业，其中德国的数量最多，达 1300 多家，美、日分别有366家、220家，分列第二、第三位，我国虽然从2005年的68家增至92家，但作为全球第二大经济体，“隐形冠军”企业数量仍然较少，国际化业务也处于初期阶段。同时，我国入围的92家“隐形冠军”企业主要集中在沿海发达地区，没有重庆本土企业入围。从国内看，2016年工业和信息化部印发《制造业单项冠军企业培育提升专项行动实施方案》（工信部产业〔2016〕105号），明确制造业单项冠军企业指长期专注于制造业某些特定细分产品市场，生产技术或工艺国际领先，单项产品市场占有率位居全球前列的企业（视为“隐形冠军”）。2019年年底，工信部公布507家中国制造业“隐形冠军”清单，沿海发达地区“隐形冠军”企业占比过半，其中浙江101家、山东97家、江苏73家，三省合计271家，占比达53.5%，而重庆仅有4家企业[①]入围，数量排全国第18位，且基本属于化工医药行业，与沿海发达地区省份差距较大，也与陕西（10家）、四川（8家）有差距（见表2-5）。作为国家重要现代制造业基地，重庆在“隐形冠军”企业培育上还需进一步加大力度。

表2-5　全国制造业“隐形冠军”企业数量分布及省份排名

序号	省份	单项冠军					培育企业				单项冠军产品				总计
		第一批	第二批	第三批	第四批	合计	第一批	第二批	第三批	合计	第二批	第三批	第四批	合计	
1	浙江	6	14	11	15	46	6	8	6	20	3	19	13	35	101
2	山东	12	12	16	20	60	8	4	10	22	5	7	3	15	97
3	江苏	7	8	14	10	39	8	—	1	9	7	10	8	25	73
4	广东	6	3	3	7	19	—	1	1	2	6	4	3	13	34
5	福建	2	6	4	2	14	1	1	1	3	—	3	2	5	22
6	北京	1	3	1	3	8	3	—	—	3	1	2	4	7	18
7	安徽	3	2	4	—	9	3	1	1	5	—	1	3	4	18

① 单项冠军示范企业：重庆昌元化工集团有限公司（锰酸盐、高锰酸钾盐）；单项冠军产品：重庆市赛特刚玉有限公司（棕刚玉）、重庆莱美药业股份有限公司（纳米炭混悬注射液）、重庆华峰化工有限公司（己二酸）。

续表

序号	省份	单项冠军					培育企业				单项冠军产品				总计
		第一批	第二批	第三批	第四批	合计	第一批	第二批	第三批	合计	第二批	第三批	第四批	合计	
8	河南	3	4	4	1	12	—	—	1	1	—	1	4	5	18
9	湖北	2	2	4	—	8	2	1	—	3	1	3	3	7	18
10	上海	—	3	—	1	4	1	—	2	3	2	4	3	9	16
11	辽宁	2	3	1	—	6	2	—	—	2	1	2	3	6	14
12	湖南	1	1	1	—	3	1	—	2	3	2	—	4	6	12
13	陕西	2	1	—	—	3	1	1	—	2	3	2	—	5	10
14	江西	—	1	1	2	4	3	—	—	3	1	—	—	1	8
15	四川	1	1	2	—	4	—	1	—	1	—	1	2	3	8
16	天津	—	2	—	1	3	—	—	—	—	—	2	1	3	6
17	河北	2	1	—	1	4	1	—	—	1	—	—	1	1	6
18	重庆	—	1	—	—	1	—	—	—	—	—	2	1	3	4
19	贵州	—	1	—	—	1	1	—	1	2	—	1	—	1	4
20	宁夏	—	—	—	—	—	—	—	—	—	2	—	2	4	4
21	甘肃	—	—	—	—	—	1	1	—	2	—	1	—	1	3
22	新疆	1	1	—	—	2	—	—	—	—	—	1	—	1	3
23	山西	1	—	1	—	2	—	—	—	—	—	—	—	—	2
24	吉林	—	—	—	—	—	2	—	—	2	—	—	—	—	2
25	黑龙江	—	1	—	1	2	—	—	—	—	—	—	—	—	2
26	内蒙古	1	—	—	—	1	—	—	—	—	—	—	—	—	1
27	青海	—	—	—	—	—	—	1	—	1	—	—	—	—	1
28	广西	—	—	—	—	—	—	—	—	—	1	—	—	1	1
29	云南	—	—	1	—	1	—	—	—	—	—	—	—	—	1
	合计	53	71	68	64	256	44	20	26	90	35	66	60	161	507

资料来源：中华人民共和国工业和信息化部网站。

5. 产业发展生态有待优化

近年来，全市加快营造制造业高质量发展氛围，但在发展能力提升、产业发展综合成本降低、政策体系优化方面还需要大力改善。

一是制造业高质量发展意识还需强化。一方面，制造业智能化、高端化、服务化、集群化、绿色化加快演进，培育发展新一代信息技术、新能源及智能网联汽车、高端装备、新材料、生物技术、节能环保等新兴产业已成为全市上下的共识，而企业家中创新意识不浓、制造业情怀不深、抱团协作意识不强等问题仍然较为普遍。另一方面，部分干部对推动制造业高质量发展的办法还不多，对数字经济与制造业融合、现代服务业与先进制造业融合的趋势研究不够深入、不够透彻，对新兴产业发展所需的应用场景、配套体系等方面不能及时跟进，项目招商引资效果不佳。

二是制造业发展的综合成本总体偏高。受重庆市地处内陆、能源净流入等因素影响，重庆市工业每百元营业收入成本（85.1 元）高于全国平均水平 1.2 元，单位运输成本（0.59 元/吨千米）高于全国平均水平 0.2 元，制造业中长期贷款占全部中长期贷款比重（3.9%）低于全国平均 0.6 个百分点。

三是中高端人才不多。产业创新和升级离不开人才支撑，目前，对比国内其他城市，重庆创新创业生态不优、收入水平相对偏低、人才政策竞争力不够，造成全市引领性产业发展的创新人才较少，特别是高技能型人才、跨领域复合型人才、创新型企业家群体严重缺乏，“引”和“留”均存在困难。截至 2018 年年底，全市中高级专业技术人才、高技能人才分别为 86.7 万人、99.7 万人，分别仅占全市人力资源总量的 4.86%、5.59%；其中重庆“两院”院士仅 16 人，而四川、陕西两院院士分别达 59 人、67 人。同时，中高端人才净流入情况与成都、西安差距较大。根据猎聘网发布的《2019 上半年中高端人才就业现状大数据报告》，重庆中高端人才净流入率仅为 0.23%，排名全国第 18 位，不仅与沿海发达地区存在较大差距，在西部与西安、成都也存在一定差距。同时，重庆本地人才留存困难，如每年永川职教院、固高研究院、重庆大学共同招录培养的 20~30 名机器人人才仅能留住 30%。

四是制造业发展政策体系聚焦聚力不够。总体看，重庆汽车、电子信息、装备、化工、材料、消费品、生物医药、能源等支柱产业体系中，各个行业内部战略发展重点及突破方向不够聚焦，政策没有完全形成合力支持发展态势。人工智能、生命健康、前沿材料等战略性新兴产业发展路线图仍然不够清晰，核心产业发展路线图未进一步明确。

第二节 全球价值链驱动新机制分析

在上述国际、国内、重庆各个层面因素分析基础上，结合之前学者针对全球价值链驱动机制分析机理，在新的政治、经济、科技革命等环境因素下，全球价值链驱动机制将发生新的变化，其中的驱动动力也将呈现新的变化。以下引入“逆全球化、政府强力政策干预”等规制者作用因素，分析 GVC 驱动及治理机制新变化，为不同发展水平的国家（地区）制定制造业分工合作与竞争路径提供理论指导。

一是生产者驱动、购买者驱动仍是重要的动力。从主导力量看，在全球化、区域经济一体化依然是主导力量推动的情况下，在科技创新、制造能力、贸易流通等领域和环节具有强大实力的跨国公司仍将是两种驱动方式的主导，分别从生产环节、流通环节发挥带动市场需求、控制销售渠道的主导作用，并在不同的行业显现出不同的驱动力量。

二是规制者驱动将更为强势介入。规制既是解决问题的技术方案，又是问题的来源，本质上还是不同政治和经济力量相互角逐的场所。伴随着世界百年未有之大变局，以中国为代表的发展中国家坚持全球化路径，以美国为代表的发达国家推动“逆全球化”行为，单边主义、保护主义日益抬头，经济全球化从高潮转向低潮，规制者驱动力量影响也日益增强。规制者（各国、各级政府等）通过法律、税收（关税、税收补贴等）、清单管理（实体企业清单、投资贸易清单等），甚至制裁等强制手段和严厉措施，针对价值链各环节的科技研发、生产布局、贸易流通、人才等要素配置等进行干预，实现技术封锁、产业转移（如发达国家高端制造业回流）、技术脱钩、人才培养和流动限制，强力干预其针对重点制造业行业的全球价值链的市场化引导力量。

三是混合驱动同时具有生产者驱动、购买者驱动、规制者驱动三种机制，三种驱动力在不同行业呈现不同的动力作用特征。在前述三种驱动力量下，在不同行业，甚至同一行业的不同环节，形成在生产制造环节、创新服务环节、贸易环节（国内、国际）等的混合力量推动，促进价值链、产业链、创新链、供应链高效融合、共生或脱钩发展。在生产者驱动、购买者驱动下，受规制者驱动影响大的行业（如电子信息、航空航天、智能制造、生物医药等高端制造业）的跨国公司会迎合规制者导向，采取相应的调整行为，如更加倾向构建“区域价值链—国家价值链—全球价值链”的东道国导向路径，影响价值链发展进程、全球（区域）布局及企业不同阶段获利水平。

第三章

重庆制造业现状分析
——基于GVC理论

在老工业基地基础上，重庆制造业在支撑全市经济增长、自身结构优化、创新能力及绩效水平提升、空间集聚集群发展优化等方面取得了显著成效，为提升重庆制造业在GVC中的地位奠定了良好基础。通过定性分析及定量测算，客观分析重庆制造业总体及电子信息、汽车、装备制造、材料等产业在GVC中的地位，对下一步采取针对性策略、提升制造业整体竞争力具有重要作用。

第一节　重庆制造业总体概况

新中国成立以来，重庆制造业先后经历稳健基础、重构体系、变革转型和调整结构全面发展四个阶段。得益于国家“三线”建设，重庆成为全国重要的兵器、民用机械、医药、化工等生产基地，形成了重型工业特征明显的工业体系。改革开放以后，重庆通过全国综合经济体制改革试点和实施“军转民”战略，汽车、摩托车产业成为重庆重要的支柱产业。成立直辖市特别是党的十八大以来，重庆努力用好区位、生态、产业、体制四大优势，进一步发挥“三个作用”，加快内陆开放高地建设步伐，以“引链补链强链”为重点，以大数据智能化为引领，加快制造业转型升级步伐，逐步建立起汽车、电子产业双轮驱动，装备、生物医疗、材料、消费品和能源等共同支撑的工业体系，集成电路、新型显示、物联网、新材料等战略性新兴产业集聚集群发展步伐加快。

一、制造业对重庆经济增长支撑作用突出

重庆制造业涵盖 31 个大类，体系完善，集聚了以笔记本电脑为核心的电子信息、汽车、装备制造、医药、消费品、化工新材料等一批优势产业集群，规模以上工业全员劳动生产率达 34 万元/(人·年)，高于全国平均的 23 万元/(人·年)。2019 年全市规模以上制造业企业实现总产值 2.13 万亿元（见图 3-1），是“十二五”初期（2011 年）[①] 的 1.8 倍，排名全国第 17 位；规模以上工业的增加值达到 6656.72 亿元，同比增长 6.4%，高于全国 0.7 个百分点；占全市 GDP 比重为 28.2%，对重庆 GDP 增长贡献率为 34.1%，拉动全市国民经济增长 2.1 个百分点；规模以上工业增加值增长

① 统计局统计口径从 2011 年变更为规模以上（即年主营业务收入在 2000 万元及以上）工业企业。

6.2%，快于全国平均0.5个百分点。工业投资增长8.8%，快于全国4.5个百分点。重庆本土企业入选2019年中国制造业500强15家，居西部前列（见表3-1）。在支柱产业中，材料产业增速达到11.5%，电子信息产业增速达到14.3%，均保持较快增长；摩托车、装备、化工、医药、消费品、能源分别增长2.4%、6.8%、3.1%、7.1%、6.1%、5.3%，汽车制造同比下降4.1%，降幅较2018年收窄13.2个百分点，制造业是带动重庆社会经济稳步增长的重要力量（见表3-2）。

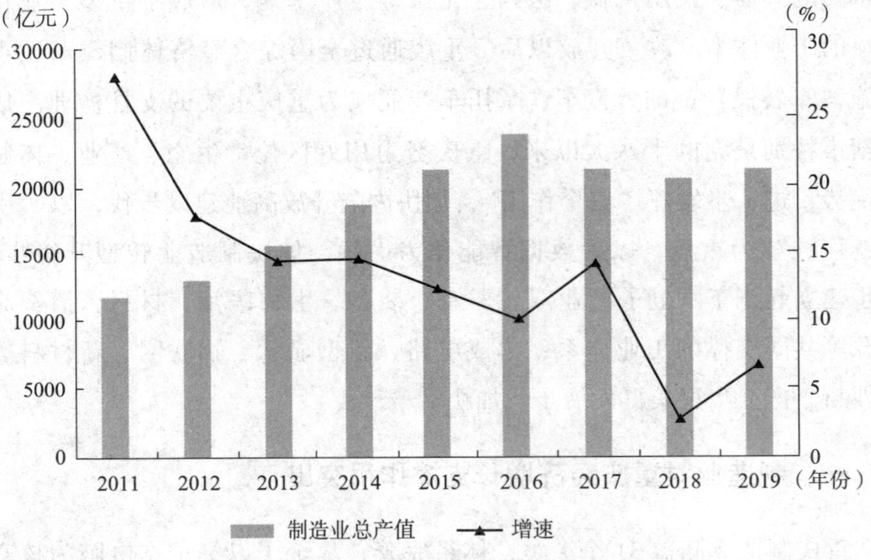

图3-1　2011—2019年重庆规模以上制造业总产值情况

表3-1　西部省、市制造业企业入选2019年中国企业500强数量

省、市	中国企业500强（家）	中国民营企业500强（家）
重庆	14	15
四川	14	11
陕西	8	5
云南	7	2
贵州	0	1

表 3-2　2019 年重庆主要制造业生产情况

指标名称	1—12 月工业总产值				规模以上工业增加值增速（%）
	累计（亿元）	累计同比（±%）	贡献率（%）	占比（%）	
全市	21295.7	6.8	100.0	100.0	6.2
一、汽车产业	3226.68	-5.5	-14.1	15.4	-4.1
整车	1381.03	-13.7	-16.4	6.6	-13.0
配套	1845.65	1.8	2.4	8.8	1.7
二、摩托车产业	817.87	2.6	1.6	3.9	2.4
三、电子信息产业	5700.00	11.1	42.7	27.2	14.3
计算机整机和配套	2824.73	7.6	15.0	13.5	9.1
手机整机和配套	1081.44	14.5	10.3	5.2	8.1
智能消费设备	123.68	42.8	2.8	0.6	271.8
其他电子	1670.15	13.2	14.6	8.0	11.8
四、装备产业	1974.52	8.9	12.1	9.4	6.8
五、医药产业	636.37	10.4	4.5	3.0	7.1
六、材料产业	4018.13	16.9	43.6	19.2	11.5
化工	914.69	0.1	0.1	4.4	3.1
冶金	1511.09	21.2	19.8	7.2	25.0
建材	1592.35	13.1	13.8	7.6	7.3
七、消费品行业	3213.18	6.4	14.5	15.3	6.1
农副食品加工业	900.80	7.8	4.9	4.3	4.3
纺织	241.82	-18.8	-4.2	1.2	-18.5
轻工	1428.05	8.1	8.0	6.8	7.2
八、能源工业	1348.78	4.3	4.2	6.4	5.3

二、结构优化升级成效显著

近年来，重庆深入贯彻落实习近平总书记视察重庆重要讲话精神，着力打造西部地区重要增长极，把制造业高质量发展放到更加突出的位置，积极推动传统制造业改造升级，加快大数据智能化发展，培育新动能。获批全国先进制造业和现代服务业融合发展试点区，进一步促进制造业结构持续优化升级。主要体现在以下四个方面：

一是高技术制造业贡献不断增强。2019 年，全市高技术制造业增加值占全市规模以上工业的比重为 19. 2%，同比增长 12. 6%，高于全市水平 6. 4 个百分点，对全市工业经济增长的贡献率为 34. 8%。战略性新兴制造业增加值占全市规模以上工业的比重为 25. 0%，同比增长 11. 6%，高于全市水平 5. 4 个百分点，对全市工业经济增长的贡献率为 42. 1%。

二是高技术工业品产量增长迅猛，部分产品在国内外形成较强竞争力。以电子产业为例，2019 年，全市集成电路增长 5. 2 倍，智能手表增长 1. 5 倍，笔记本电脑产量 6422. 3 万台，笔记本电脑出口量 5194. 4 万台、出口值 1486. 2 亿元，均居全国第一位，占全国的 22. 3%，是全球最大的笔记本电脑生产基地。生产智能手机 9878. 4 万台，占全国的 10. 2%，成为全国第二大手机生产基地。制造业新动能加快培育，“芯屏器核网”全产业链加快构建（见表 3-3）。

三是制造业数字化发展步伐加快。全市以智能制造“小切口”带动传统产业“大改造”，瞄准国内外行业龙头引领型企业，先后引入法国施耐德、德国西门子、日本三菱电机等智能制造整体方案服务企业，引导存量企业加速升级。在新型基础设施和平台支撑方面，国家工业互联网标识解析顶级节点（重庆）和重庆工业互联网制造业创新中心启动运行，阿里飞象、中移物联网等一批综合性工业互联网平台相继投用，腾讯云联合长安汽车建设了工业互联网智能超算中心，聚集各类服务商 122 家，累计为超过 5 万家企业提供服务。

四是新一代信息技术与制造业深入融合成效明显。累计实施 2751 个智能化改造项目，建设 426 个数字化车间和智能工厂。工业互联网国家顶级节点建设加快，已接入二级节点 16 个，标识注册量超 1 亿个，解析量 7000 余万次，推动 7. 1 万户企业“上云”，服务能力目前已覆盖了西部六省市。建成 5G 基站 4. 9 万个，占全国的 7%。两化融合水平居全国前列，中西部第一位。

表 3-3　2019 年重庆"芯屏器核网"全产业链发展情况

智能产业	销售收入（亿元）	增速（%）	主要产品、产量、销售收入（产值）及增速
芯	192	3. 1	晶元制造：103 万片，产值 21 亿元，持平； 封装测试：178. 6 亿颗，产值 140. 9 亿元，增长 2. 9%
屏	582	13. 5	玻璃基板：26 万片大板，产值 44. 7 亿元，增长 130%； 液晶面板：1545 万片，产值 261. 6 亿元，增长 8%
器	3204	9. 0	智能手机：9878. 4 万台，产值 600 亿元，下降 3%； 智能音箱：2800 万台，产值 60 亿元，基本持平； 智能可穿戴设备：1287. 2 万台，产值 145 亿元，增长 98%； 笔电整机：7614. 2 万台，产值 2370 亿元，增长 12. 9%
核	264	持平	汽车电子：2000 万台/套/件，销售收入 192 亿元，持平； 仪器仪表：1700 万套，销售收入 72 亿元，增长 14. 3%
网	2422	23. 7	软件产品：销售收入 404 亿元，增长 25. 4%； 信息技术服务：销售收入 1079 亿元，增长 22. 9%； 物联网：销售收入 752 亿元，增长 33. 1%

2019 年重庆与西部主要城市的产业发展指标对比情况见表 3-4。

表 3-4　2019 年重庆与西部主要城市的产业发展指标对比情况

地 区	工业增加值（亿元）	高技术制造业增加值增速（%）	高技术制造业增加值占规模以上工业增加值比重（%）	战略性新兴产业增加值增速（%）	战略性新兴产业增加值占规模以上工业增加值比重（%）	规模以上工业主营业务收入（亿元）
重庆主城都市区	5584. 99	12. 6	19. 2	11. 6	25	19244. 75
成都	—	11. 9	—	8. 4	—	11690. 24
西安	1868. 86	9. 6	42. 5	14. 9	26. 3	5740. 80
昆明	1319. 21	2. 9	—	—	—	4842. 1
贵阳	—	8. 3	19. 5	—	—	2105. 06

三、创新能力和成效不断提升

全市以大数据智能化引领转型升级，加速构建培育"芯屏器核网"全产业链，夯实创新产业基础。积极打造"云联数算用"要素集群，扩大智能化应用服务，全市创新优势不断显现。

一是创新投入强度持续提高。2019 年重庆研发经费投入强度约为 1.99%，居西部城市第三位（见表 3-5），较 2015 年提高了约 0.4 个百分点。规模以上工业企业研发投入占西部总量的 26%以上，研发投入强度达 1.49%，排名全国第四。

表 3-5 2019 年重庆与西部主要城市科技创新指标对比

城市	R&D 经费支出占 GDP 比重（%）	国家重点实验室（个）	国家工程技术中心（个）	大科学装置（个）	高新技术企业（家）	“双一流”大学（所）	高端研发机构（个）	专利申请数（万件）	专利授权数（万件）	国家级众创空间（个）	国家级科技企业孵化器（个）	“两院”院士（人）
重庆	1.99	10	10	0	3141	2	34	6.73	4.39	44	17	15
成都	2.66	10	14	1	4149	8	—	8.08	5.08	48	19	32
西安	5.77	23	2	1	3673	7	—	7.24	—	59	22	61
昆明	0.8	3	2	0	1000	1	—	2.39	1.24	25	10	12
贵阳	1.53	2	2	0	1005	1	—	2.09	1.08	18	3	13

二是企业创新平台和成果显现。“十三五”期间全市累计培育国家级企业技术中心 30 家，国家级双创孵化器 16 个、国家级众创空间 44 个，全市建立研发机构企业数占规模以上工业企业数比重为 15.7%，保持西部第一。实施科技型企业培育“百千万”工程，科技型企业达到 22389 家，高技术企业达到 3141 家，制造业企业研发活动经费达到 293.51 亿元，综合科技进步指数和区域创新能力综合指标排名连续两年居西部领先。

三是重大创新发展平台不断集聚。2020 年，获科技部批复建设国家新一代人工智能创新发展试验区，以大数据及人工智能带动创新发展，获得更大机遇。成渝地区双城经济圈规划提出打造西部（重庆）科学城，以科学城为引领，两江协同创新区及其他科技创新平台共同构建更为完善的创新平台体系。加大在数字经济、智能产业领域研发机构培育力度，在功率半导体、超高清液晶显示、结构件轻量化设计等领域新培育 13 家市级工业和信息化重点实验室，累计达 40 家；新培育 178 家以上市级企业技术中心，累计达 830 家；新培育 19 家独立法人新型企业研发机构，累计达 59 家。围绕大数据智能化领域的产业关键共性技术需求，加快市级制造业创新中心建设，推动集成电路特色工艺及封装测试制造业创新中心、工业大数据制造业创新中心完成市级认定，推动其成为全市工业转型升级的重要支撑力量。

四是产学研进程向纵深推进。引进北京大学、清华大学、中科院、工程院等近 20 所高校和科研院所在渝建设研发平台和分支院所，推动建设具有全国影响力的科技创新中心。在推进产业创新应用方面，率先编制了含新能源汽车、智能网联汽车、基础件及通机、机器人、通用航空等 12 个领域的《重庆市技术图谱》，梳理了 22 个重点方向、386 项优势技术和 524 项“卡脖子”技术。攻关关键核心技术，长安汽车无人驾驶、重庆声光电“高速高效单光子雪崩探测器”及重庆大学高层钢—混凝土混合结构的理论、技术与工程应用等成果达到国际领先水平。

五是企业技术创新转化能力不断增强。围绕加快科技成果转移转化，加快企业创新转化。2019 年，推动 218 家企业 387 个重大新产品获后续研发支持，分别同比增加 22 家企业、31 个产品，分别增长 11.2%、8.7%；新增销售收入 843 亿元，其中亿元以上产品 103 个、10 亿元以上产品 18 个。围绕提高产品技术含量和附加值，启动实施人工智能、集成电路等重点领域产业类重点研发项目 289 项，制造业立项达到近 2200 个，立项数量为历年最多。

四、空间布局集聚优化特征突出

重庆市多山多水的自然特征，导致工业的发展更多沿河流、铁路、主要公路延伸。在重庆全面深化“一区两群”区域发展战略的带动下，全市向区域制造业集群化、特色化和差异化发展格局加速推进，布局更趋合理高效。

一是工业布局呈现分散—园区集群—产城融合发展路径。直辖初，重庆主要工业企业分布在以渝中半岛为圆心的集聚区，位于歌乐山与铜锣山之间的平缓地带，再加上三线建设时出于“备战”目的，大搞企业布点的“山、散、洞”，不少企业建在山沟里，因此重庆工业布局分散特点明显。“十二五”以来，随着国家战略的推进、对外交通通道的改善，全市城市多中心组团式布局逐步形成。随着全市“退二进三”政策的推进，重庆工业逐步沿公路、铁路、长江等交通线，向永川、长寿、涪陵、合川、南川等主城新区推进。目前，重庆以主城区都市区为基础，围绕成渝地区双城经济圈建设，推动“一区两群”协调发展，持续推进大数据智能化，推动“两新一重”建设，产城融合发展步伐日益加快。

二是主城区都市区集聚了全市主要的开发开放和创新平台，制造业门类齐全、配套体系完整、创新要素较为富集，是全市制造业发展的核心增长极（见表 3-6）。形成汽车、电子产业双轮驱动的制造业体系，承接了全市 80%以上的工业投入，贡献了全市 90%以上的工业产出。

三是渝东北三峡库区城镇群和渝东南武陵山区城镇群围绕传统工业绿色化智能化改造和战略性新兴产业培育，形成以健康食品、特色轻工等为主的特色生态制造业集群，部分园区生物医药、新型材料、节能环保和智能等战略性新兴产业新增长点加快培育。

四是产业发展平台体系持续完善，全市形成“1+2+7+9”国家级开发开放平台体系，各区县加快工业园区提档升级，主导产业集群化发展态势明显，支撑起全市超八成的工业和制造业经济总量。

表 3-6　重庆部分工业园区主导产业

区、县	园区平台	主导产业
中心城区	重庆高新区、重庆经开区、空港工业园区等	电子信息、装备制造、新能源及智能汽车、新材料、生物医药等制造业
涪陵区	涪陵工业园、白涛工业园	医疗食品、装备制造、化工化纤、电子信息、清洁能源
长寿区	长寿工业园区	家具产业、健康科技产业、电子信息、轻工制造、农副产品加工
永川区	永川国家级高新区	食品药品、盐气化工、新材料新能源、机械电子、纺织服装
江津区	江津工业园区	汽车摩托车及其零部件业、装备制造业、新型材料制造业、电子信息业、食品加工业

续表

区、县	园区平台	主导产业
璧山区	璧山高新区	制鞋、电子信息、医疗食品、装备制造
綦江区	綦江工业园区	铝及铝合金、汽摩整车及零部件、新型节能建筑材料
潼南区	潼南高新区	智能硬件及智能终端、智能装备及智能制造、天然气综合利用及精细化工、农产品精深加工与绿色健康品、大众消费品及特色轻工、环保科技及新材料新能源和现代服务业
铜梁区	铜梁高新区	机械制造、新型材料、电子信息
合川区	合川工业园区	装备制造、医药健康、信息技术
南川区	南川工业园区	铝材料、精细化工、机械制造、中医药、新型建材、页岩气
大足区	大足高新区	智能装备、环保装备、现代汽摩、生物医药、电子信息业
荣昌区	荣昌高新区	装备制造、食品医药、轻工陶瓷
万州区	万州经开区	商用车及特种车、照明器具、信息港智能终端及电子配套、食品、特色化工、光伏材料、重型装备、纺织服装医药、船舶及能源装备
梁平区	梁平工业园区	光电及机械、制造、塑料及不锈钢、门业及建筑、材料、农用机械及汽摩配套
城口县	城口工业园区	农副产品加工、服装及玩具加工
丰都县	丰都工业园区	光电产业、医药及机械制造、农用机械、重型装备、农副产品加工
垫江县	垫江工业园区	商用车及零部件、钟表计时及精密加工、机械加工及铜材料、节能材料、精细化工、农副产品加工、通机、中药
云阳县	云阳工业园区	塑料制品及结构材料、农副产品加工、制盐及新材料、商用车、医药、重型装备、硅产业、机械制造
奉节县	奉节工业园区	食品服装、机械制造及建筑材料、农副产品加工、能源建材
巫山县	巫山工业园区	钟表计时及精密加工、服装鞋业、汽摩零部件及环保建材、医药及农副产业加工、铸锻件
巫溪县	巫溪工业园区	建筑石材、农副产品加工、纺织服装、食品加工、环保建材、旅游产品及玩具
开州区	开州工业园区	食品服装、商用车及家电、建材及家居、机械制造、农副产品加工、机械加工、中药
忠县	忠县工业园区	特种车及汽车零部件、装备制造、重型装备及新型材料、食品
彭水县	彭水工业园区	食品及服装、家具及资源加工、特色矿产精深加工

续表

区、县	园区平台	主导产业
秀山县	秀山工业园区	农机及汽摩、医药食品及家居产业、非金属矿物制品、食品、矿产品精深加工
武隆区	武隆工业园区	汽车摩托车、光电及旅游运动装备、铸钢及铁路运输设备制造、通用设备及家电、食品、纸业
石柱县	石柱工业园区	医药食品、机械制造及石灰石精深加工、家电及高端玻璃、汽摩配件、能源、材料
酉阳县	酉阳工业园区	服装、特色矿产深加工及贵金属加工、医药、珠宝及首饰加工、纺织及旅游体育商品、农副产品加工、食品、复混肥料

第二节　重庆制造业及重点行业在 GVC 中的地位分析

一、重庆制造业融入全球产业链价值链概况

围绕电子信息、汽摩、装备、材料、消费品等重点制造业领域，重庆主动融入全球产业链、价值链，积极参与国际分工，突出补链成群，目前基本建成具有全球影响力的汽车、电子信息等产业集群，装备制造、材料产业在国内具有一定影响力。

（一）电子信息产业是重庆产业转型升级的支撑和引领，嵌入全球价值链起点较低，但部分领域存在后发优势

从发展整体情况看，电子信息产业已成为重庆工业第一支柱，笔记本电脑、手机等形成全球、全国性影响力和竞争力。直辖以来，重庆加大产业转型升级力度，尤其是“十二五”以来推进实施“云端计划”，“十三五”以来推进“芯屏器核网”全产业链发展，以重大项目为引领，带动产业链供应链、创新链上下游企业跟进，形成“链群”效应。电子信息制造产品体系日益丰富，基本形成笔记本电脑、手机、新型显示、集成电路等信息产业集群，产

业规模快速扩大，在国内外影响力迅速提升，成为全球最大的笔记本电脑生产基地、国内第三大手机生产基地，集成电路、平板显示等关键零部件领域取得突破性发展。2019 年，全市规模以上电子制造业企业共 639 家，实现总产值 5700 亿元，占规模以上制造业总产值的 28.8%，是重庆工业的第一支柱产业。其中计算机整机及配套产业占比 51.7%，手机及配套产业占比 19%，电子核心部件、家电、机电、智能仪表等其他电子制造产业合计占比 29.3%。

笔记本电脑产业由最初“总装”价值链低端环节嵌入，再逐步形成“整机+零部件垂直整合一体化”方式，再向前端研发设计、中端关键核心部件生产制造及后端结算金融服务等高端环节升级，融入全球价值链的程度和地位不断提升。2008 年全球金融危机加速了世界产业空间格局调整步伐，重庆抓住机遇积极布局，吸取沿海加工贸易“两头在外”价值链和附加值低不足教训，创新性提出采用“整机+零部件垂直整合一体化”的方式，大力引进发展笔记本电脑产业，以总装企业为龙头，逐步实现 80%零部件本地化（零部件运输量、产量、总价值 80%本地化）。笔记本电脑产业在重庆实现“无中生有”的跨越式发展，并逐步完善形成“设计研发—零部件生产—总装—结算”相对完善的产业链条（见图 3-2）。自 2010 年以来，重庆先后引进惠普、宏碁、华硕等品牌商和富士康、达丰、仁宝、纬创等代工企业，以及群光、新普、中光电等配套商，构建起笔记本电脑产业链群。2019 年，重庆生产笔记本电脑 6422.3 万台，约占全球的 40%，连续 6 年成为全球最大的笔记本电脑生产基地，通过 2011 年率先开通的中欧班列（渝新欧）陆路大通道，5194.4 万台（占总产量的 80.9%）笔记本电脑销往国际市场。从本地产业链配套看，笔记本电脑领域依托引进的京东方、新普科技、台晶电子等一批全球行业前列的龙头企业，显示屏、晶体振荡器、PCB 等产品基本能满足本地需求。从全球产业链配套看，硬盘、CPU、内存三种战略物资主要由品牌商从新加坡（希捷硬盘）、美国（CPU）、中国台湾（内存）等地采购，关键核心部件对外依赖度仍然较高。

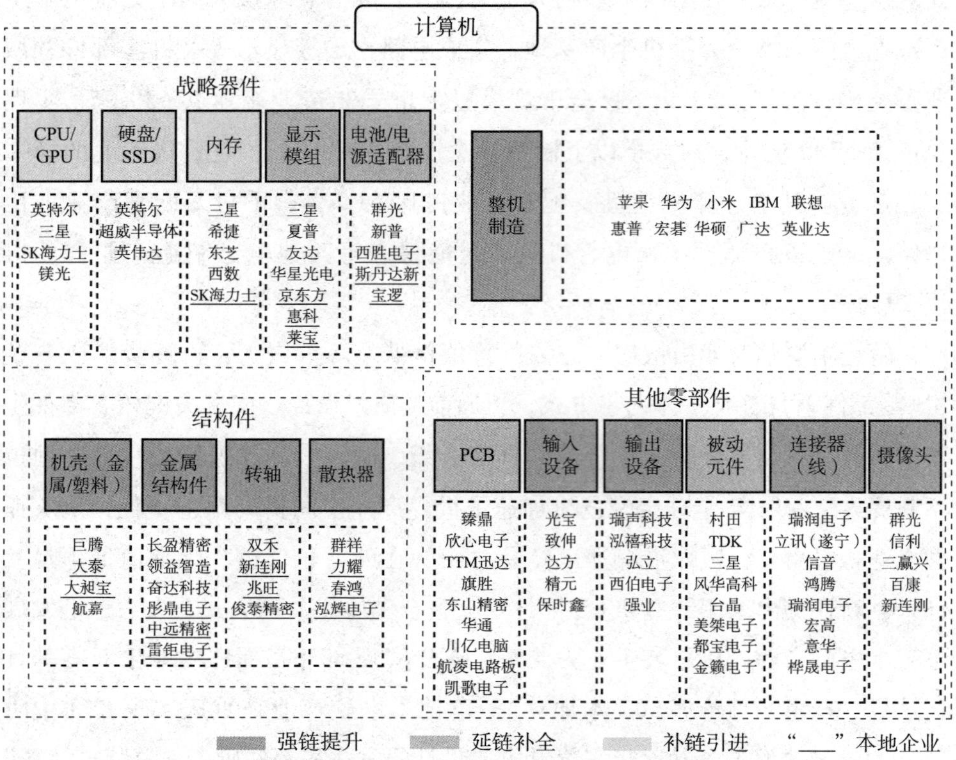

图 3-2　重庆笔记本电脑产业链情况

手机产业从生产到销售等环节融入全球价值链程度较深，转型升级较快，但依然存在关键零部件的海外依赖问题。重庆依托笔记本电脑产业链和生产体系优势，抓住沿海地区土地、劳动力等要素成本上升导致产业向内陆地区转移的机遇，积极承接引进手机、智能手表等智能终端，不断完善产业链，构建产业集群（见图 3-3）。2019 年，重庆手机出货量 1.74 亿台（智能手机 9878 万台，占 58.1%，占比较 2010 年提升约 20 个百分点），排名全国第三①，产值突破千亿元，约占全球总出货量的 10%，销往国际市场 4247 万台，占全市手机总量的 25%；智能手表产量 1285.6 万台，占全

① 2019 年，中国移动通信手持机产量排前三位省市：广东 7.05 亿台、河南 2.17 亿台、重庆 1.74 亿台。

球出货量超过20%。手机产业已有包括OPPO、vivo、百立丰等规模以上企业37家，初步形成“整机+配套”以及“生产+检测+供应链服务”产业体系。在空间格局上，逐步形成以南岸区、潼南区为引领的全市手机产业集聚区。从本地产业链配套看，手机领域“三大件”（显示屏、主板、摄像头）实现本地生产，“四小件”（喇叭、马达、麦克风、听筒）和手机天线、电池配套正陆续补齐。从全球产业链配套看，手机领域芯片、显示屏、摄像模组主要从海外采购，芯片主要采自美国、韩国及中国台湾，显示屏主要采自韩国、越南，后续可逐步实现国产替代，但芯片、显示屏等关键部件外部依赖性依然较大。

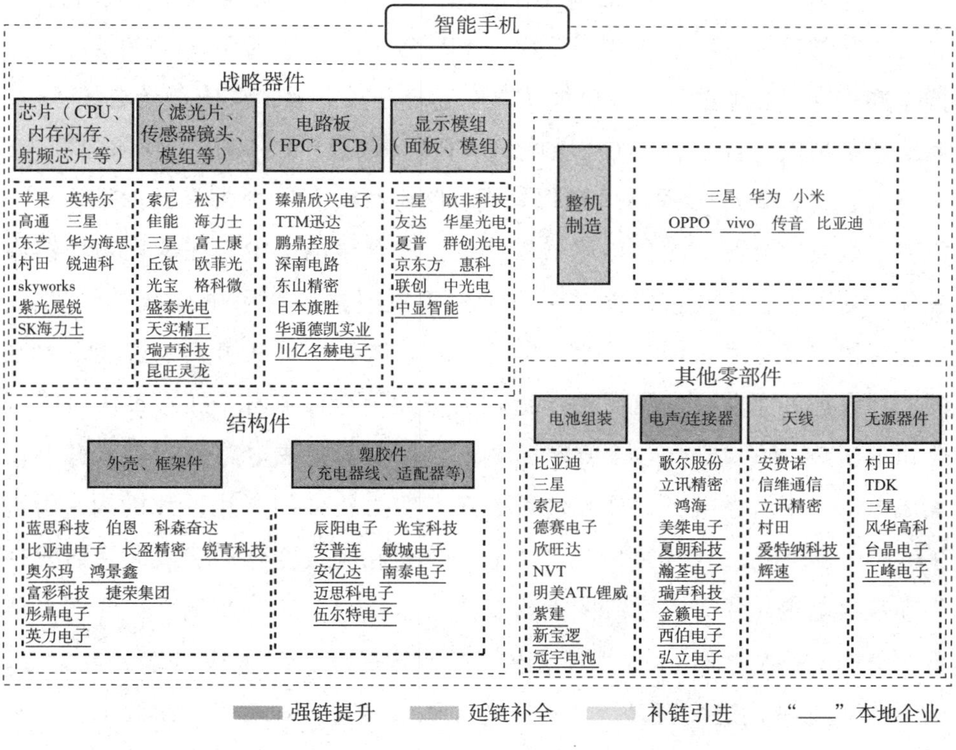

图 3-3 重庆手机产业链情况

集成电路产业链逐步完善，关键环节和核心技术有待突破，有较大提升潜力（见图3-4）。近年来，重庆持续加大科技创新、人才集聚和环境优化，通过垂直整合的集群发展模式，依托西永微电子园、两江新区等产业集聚发展载体，布局一批重点项目，成功引进英国ARM、美国AOS、奥地利AT&S、韩国SK海力士等一批全球一流的集成电路企业，带动上下游企业入驻，基本构建起“原材料—单晶硅切片—芯片设计—芯片制造—封装测试—产业配套”一体的集成电路产业链，正着手培育千亿级产值规模的“重庆芯”。2019年，全市已集聚集成电路企业45家，实现产值200亿元，有望成为全国最大的功率半导体生产基地。其中：在功率半导体芯片方面，国内第一条12寸功率半导体晶圆生产线在渝建成投产。2019年，重庆市功率半导体晶圆制造产能10万片/月（折合8寸片计算），排名跃居全国第四。在存储芯片方面，SK海力士在渝建有其全球最大的封装测试基地。紫光集团已与重庆市签约，将建设紫光DRAM（动态随机存取存储器）事业群总部和生产基地项目。在模拟及数模混合芯片方面，重庆声光电24所及旗下西南集成、吉芯科技在射频、AD/DA（数模转换）等领域国内领先，中科渝芯建有2万片/月6寸模拟集成电路生产线，44所拥有国内唯一6寸CCD（电荷耦合器）图像传感器生产线，联合微电子中心在硅光领域国内领先。在人工智能及物联网芯片方面，重庆引进培育了中星微、黑芝麻、紫光展锐、雅特力、物奇、弗瑞思科、渝芯微等一批从事人工智能及物联网芯片设计的企业，发展后劲十足。从研发设计环节看，拥有重庆声光电公司下属24所、26所、44所等历史积淀较多的集成电路研究机构和西南集成电路、中航微电子、重邮信科等多家实力较强的芯片设计机构，引进了ARM、英特尔FPGA中国创新中心，紫光在渝设立移动智能芯片研发中心和数字电视芯片研发中心两大研发中心。从制造环节及配套产业链环节看，集成电路基本材料钢、铜、铝、多晶硅等已实现重庆本地制造配套，美国AOS芯片制造实现量产，奥地利AT&S、韩国SK海力士封装测试等集成电路项目达产。“紫光芯云产业城”、华润微电子等项目加快建设。和全国一样，重庆集成电路产业在软件、设备、材料、制造等领域有很多关键核心技术待攻克，亟待弥补短板。

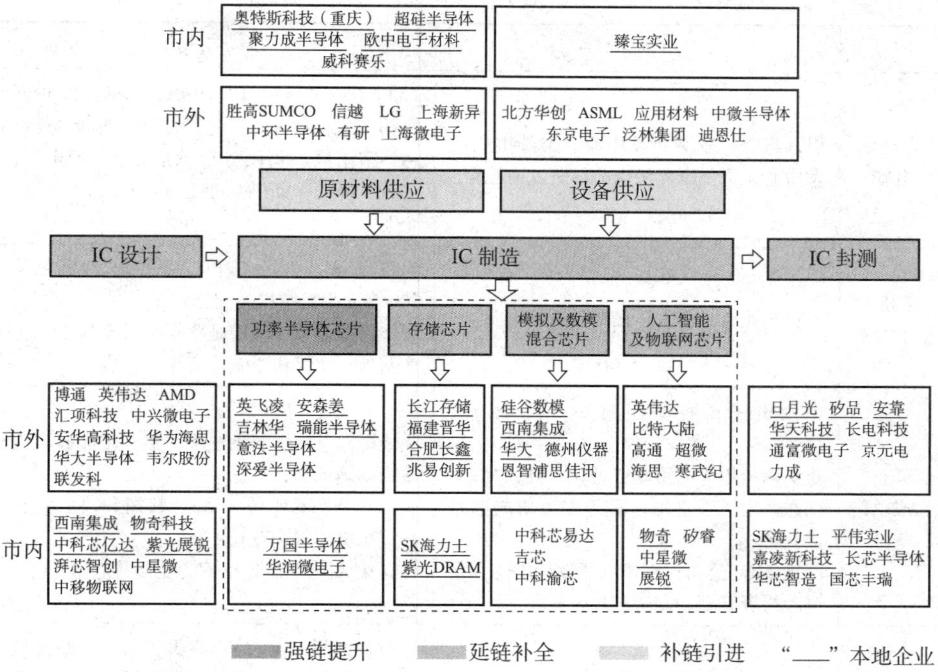

图 3-4 重庆集成电路产业链情况

新型显示产业链不断完善，但仍以制造环节为主，在全球价值链中处于相对低端地位。重庆加大对显示面板企业的招商引资力度，先后成功引进京东方、惠科、康宁、富士康等显示面板企业，逐步向玻璃基板、偏光片、液晶等上游关键原材料配套产业拓展的产业格局，基本形成了“玻璃基板—液晶面板—显示模组—整机”制造全产业链（见表 3-7）。新型显示发展空间已形成以两江新区和巴南区为区域核心，以显示面板生产线为技术支撑的发展格局。其中：在原材料方面（上游）集聚了康宁、东进世美肯、住化电子、液化空气、乐金化学等玻璃基板、偏光片、蚀刻液、玻璃液、有机膜、大宗气体等核心原材料配套企业 10 余家；在显示面板方面（中游）有京东方 8. 5 代液晶面板生产线，惠科第 8. 6 代液晶面板生产线；在模组整机（下游）引育莱宝、联创、中光电、惠科金扬、京东方智慧电子等一批模组整机生产企业 20 余家。2019 年规模以上企业实现产值 452 亿元，增长 10. 4%，目前显示面板产能为 80 万平方米/月，全国排名第 5 位。

表 3-7 重庆重点电子信息产业产业链价值链情况

产业	研发环节	制造环节
笔记本电脑	引入惠普、宏碁研发中心、宏碁重庆研发中心、富士康光机电前沿研发中心等	“5+6+860”，即 HP、Acer、Asus、Fujitsu、cisco 五大品牌商，广达、仁宝、纬创、英业达、富士康、和硕等全球前六大 ODM 厂，华科、群光、新普、展运等 800 多家配套企业
手机、智能穿戴	手机产业链：引入鹏亿南联研发企业	手机领域：vivo、OPPO、百立丰、乐视等 200 多家手机整机及配套企业。 智能穿戴领域：重庆是苹果手表全球重要生产基地，主要代工企业有翊宝、达功
集成电路	中国电子科技集团第 24 所、26 所、44 所； 重庆西南集成电路专业公司、神州龙芯、四联微电子、重邮信科等多家集成电路设计企业； 引进 ARM 公司，将建芯片设计学院、设风险投资基金、支持芯片企业	集成电路基本材料钢、铜、铝、多晶硅实现重庆本地配套； 美国 AOS、奥地利 AT&S、韩国 SK 海力士、华润微电子等企业； 已有集成电路企业 45 家，全国排名第 13 位
新型显示	—	原材料方面（上游）：集聚了康宁、东进世美肯、住化电子、液化空气、乐金化学等玻璃基板、偏光片、蚀刻液、玻璃液、有机膜、大宗气体等核心原材料配套企业 10 余家； 显示面板方面（中游）：京东方 8.5 代液晶面板生产线，惠科 8.6 代液晶面板生产线； 模组整机（下游）：莱宝、联创、中光电、惠科金扬、京东方智慧电子等一批模组整机生产企业 20 余家，全国排名第 5 位

（二）汽车产业是重庆制造业的重要支柱，已深度融入全球产业链价值链体系

从发展整体情况看，重庆已成为全国主要的汽车研发生产基地。改革开放尤其是 1983 年重庆计划单列、实施经济体制综合改革以来，重庆发挥老工业基地优势，积极推进军民融合发展，长安、四川汽车制造厂、国营西南车辆制造厂等一批军工企业加快“军参民”步伐，积极与铃木、五十铃等国际知名车企合资合作，推动重庆汽车工业加速崛起。当前，重庆汽车产业建立

起“整车+配套+研发+认证”的生产结构和协同研发检测体系，形成了重、轻、微、轿车型齐全的汽车产品线，具备乘用车（轿车、SUV、MPV）、商用车（客车、货车）、专用车（自卸车、挂车、运钞车、环卫车等）较为齐全的产品谱系，已构建完整的以发动机、变速箱、底盘、车桥等为代表的整车制造和零部件配套供应体系，形成了以长安系为龙头，上汽依维柯红岩、上汽通用五菱、东风小康、北汽银翔、北京现代、华晨鑫源、力帆汽车、庆铃汽车、潍柴汽车、北方奔驰、恒通客车、长城汽车等 10 多家整车企业为骨干，上千家配套企业为支撑的“1+10+1000”产业集群（拥有规模以上企业 971 户），汽车整车综合生产能力达 400 万辆/年。2019 年，全市汽车产量 138.3 万辆，占全国的 5.4%，实现增加值 855 亿元，实现总产值 3226 亿元，占规模以上制造业总产值的 16.3%。

从研发、制造及销售环节看，全市汽车产业已深度融入国内外产业链价值链体系。在汽车研究开发环节，重庆拥有中国汽研院、重庆大学、重庆邮电大学等汽车技术科研院所、机构及多家国内领先的独立汽车设计公司，国内数量最多，推进建设国家级智能网联汽车和智慧交通示范区，科研资源和人才基础雄厚。全市拥有市级及以上重点实验室、工程技术研究中心分别为 180 个、538 个，其中，国家重点实验室 8 个。以长安为代表的自主品牌整车企业基本建立起研发体系，具备较强的自主开发能力，以奔奔 EV 为代表的新能源汽车整车研发和制造已在国内取得不错的市场反响和品牌效益。中国汽研院、重庆车检院已形成国内领先的智能网联汽车实验与测试验证能力。以长安汽车为代表的企业，已深度融入全球汽车创新链。多年来，长安汽车坚持“自主创新、全球协同”思路，建立了“五国九地”① 全球协同研发体系；打造了“7 院 2 部 3 中心”的精细研发组织；拥有来自全球 18 个国家，近万人的研发团队；形成了产品研发流程体系（CA-PDS）和产品试验验证体系（CA-TVS）两大科研体系；累计申请国内外专利 11257 件；实现智能语音、

① “五国九地”：长安汽车在中国、美国、意大利、日本、英国等五国九地布局研发中心。布局在重庆两江新区的全球研发中心，将作为创新平台总枢纽，与“五国九地”研发中心协同展开产品开发及实验验证工作。

飞屏互动等49项领先技术国内首发。连续5届10年蝉联中国汽车研发实力行业第一，成功入选国家技术创新示范企业。在生产制造环节，全市拥有规模以上零部件配套企业959家，主要分布在主城区和璧山、江津、永川等渝西地区，2019年汽车零部件制造业完成产值1781亿元，同比增长1.7%，占汽车全行业产值的55.2%，汽车产业零整比（零部件产值比整车产值）达到1.2∶1，产品本地化配套率超过70%。其中，全球汽车零部件百强企业中，已有美国江森自控、康明斯，德国大陆、博世等50家入驻重庆。从产业链市外配套看，形成以国内为主体，但关键零部件仍依赖发达国家的格局。涡轮增压器、电子驻车系统，滤芯器等部件主要来自湖北、江苏、上海等省市，约占配套比重的25%；自动变速器、电喷系统、汽车芯片等高技术含量、高附加值部件及电子产品需从日本、德国、美国等国家和地区采购，约占配套比重的5%。全市涉及的海外一级配套商约750家，其中长安福特704家、长安汽车1家。在汽车市场方面，重庆汽车销售与维修市场居西部之首，汽车物流、二手车市场、汽车租赁等环节加速发展，与国内外汽车市场体系联系日趋紧密。

（三）装备制造业是重庆重要支柱产业，部分领域形成较为完善的产业链，研发等生产性服务和关键核心部件制造等价值链环节较弱

从发展整体情况看，装备制造业是重庆重要支柱产业，形成了多个特色装备制造产业基地。重庆装备制造业起源于20世纪初，抗战时期重庆长安（原金陵兵工厂）、建设集团（原汉阳兵工厂）等企业内迁重庆。之后，川仪、重汽、嘉陵等企业响应国家三线建设号召落户重庆，构成重庆老工业基地重要基础。直辖以来，重庆加快构建现代装备制造产业体系，形成了风电装备、轨道交通、数控机床、船舶、输变电装备等一批特色装备制造集群。拥有重庆机床集团、重庆康明斯发动机公司、重庆潍柴发动机公司、中国船舶集团海装风电公司、重庆ABB等行业领军企业。2019年，重庆装备制造行业规模以上工业企业1046户，实现规模以上总产值1975亿元，占规模以上制造业比重10%。

轨道交通装备产业发展能力不断提高，部分领域处于国内领先。重庆市轨道交通经过 20 多年发展，已开通运营 8 条轨道线路，运营里程达 329 千米，建成全球通车里程最长、运量最大的单轨交通系统，打造了以单轨为代表、较完整的产业集群，已全面掌握轨道梁桥、道岔、车辆等关键核心技术，创立了全球首个跨座式单轨国家标准体系，基本实现全国产化，形成全球最大的单轨交通装备制造业基地，已具备了城市轨道交通勘测咨询、整体设计、集成施工、装备制造、运营管理、技术研发、标准化建设等能力。

重庆轨道交通产业覆盖产业链上、中、下游，相关产业单位超过 80 家。勘察设计方面，拥有重庆轨道交通设计院、重庆勘测院等多家勘察设计企业；工程建设方面，以重庆机电工程公司为首的工程企业承接了多条轨道交通站后机电设备总承包项目，具备轨道交通总承包资质和能力；装备制造方面，拥有 50 余家轨道交通装备制造企业及零配件生产企业，在整车制造、配套机电系统、施工装备等方面有具有相对优势的企业支撑；运维服务方面，重庆市轨道集团具备线路运营咨询、运营管理和维护资质和能力，具备丰富的城市轨道交通线路运营管理和维护经验；科技研发方面，重庆本地企业与法国泰雷兹、美国 GE、清华同方、南瑞自控、日本日立等国内外知名企业合作，和清华大学、重庆大学、重庆交大、西南交大等高校建立产学研合作，掌握了轨道交通装备的若干关键技术，取得专利百余项。

工业机器人领域内外企业发展集聚，产业高地初具雏形。重庆市作为西部创新中心，2011 年就提出打造“机器人之都”，市政府连续颁布政策支持工业机器人产业发展，引进了川崎、库卡、长泰、华中数控、新登奇等国内外知名企业，培育了长安工业、重庆机器人、川仪、重齿等一批以应用带动研发的本地企业。目前拥有工业机器人企业 200 余家，龙头企业华数机器人总体实力排国内前二，合资龙头企业川崎，排世界前六。同时，成立了重庆市机器人与智能装备产业技术创新联盟、国家机器人检测与评定中心公共服务平台，打造了重庆鲁班机器人研究院、重庆固高长江研究院、重庆高创机器人研究院等一批新型高端研究机构，初步建立起了机器人研发、检测、制造为核心的生产研发体系。2019 年，全市年产 2 万台机器人，机器人产业销售收入接近 300 亿元，打造国内重要的机器人研发制造基地效果明显。

通用航空产业发展迅速，产业发展生态不断完善。为加快重庆市通用航空产业发展，重庆市先后出台了《重庆市通用航空业发展行动计划》（渝府办发〔2017〕29 号）、《重庆市建设通用航空产业综合示范区实施方案》等政策文件。经过多年努力，重庆市通用航空产业发展成效显著，初步形成通用航空“整机+核心部件+配套（材料、航电装备、其他零部件）、制造+运营+服务+金融”全产业链。通用航空制造业已发展“直升机+固定翼+无人机”多系列多型号产品，通用航空服务业已发展通航运输、通航公益、通航新型消费等多种运营服务。全市已培育以重庆通航集团、宗申航发、金世利航空、三耐科技为代表的通用航空制造和以重庆通用航空、神龙通用航空、飞行学院重庆通航培训为代表的运营服务相关企业 200 余家，其中高新技术企业 10 余家。低空飞行已构建起以通用机场和飞行服务站为支撑、较为完善的保障体系。据不完全统计，2019 年全市通用航空产业营收 6. 68 亿元，其中制造业 3. 5 亿元。

在整机制造方面，全市已发展重庆通航集团、美国恩斯特龙、重庆通飞、皮拉图斯等飞机整机制造企业。重庆通航集团成为国内首家中美 TC/PC 分离下由民航局授权的整机制造企业，拥有零部件制造人批准（PMA）资质。已拥有恩斯特龙、皮拉图斯、贝尔和自主品牌的 480B、280FX、TH180、TH111、R44、PC-6、CG231 等多个机型，其中恩斯特龙 480B 直升机已实现本土制造并获批重庆市重大新产品。

在航空发动机方面，全市已拥有 C115 系列、LA 系列、CMD22、GF56 等多个型号的航空发动机。其中，宗申航发 C115 系列航空活塞发动机年产能 1000 台，已在彩虹 X 型、翼龙Ⅰ等多款无人机应用。隆鑫通用动力公司 LA600 型发动机已量产，LA100 完成整机适配即将量产。CMD22 汽油活塞式航空发动机已通过 EASA（欧洲航空安全局）认证。重庆三耐科技公司航空发动机叶片项目达产后年产值约 15 亿元，成功参与国家“两机”专项，已与中国重型燃气轮机公司签署合作协议。

在通航制造配套方面，西南铝与重庆大学合作共建高性能航空材料重点实验室，产品已先后通过空客、赛峰、安东诺夫公司认可，实现销售收入 2400 余万元。公司通过商飞公司认证，成为国产大飞机国内唯一铝材供应商。金世利航空成功产出我国第一根钛合金整体电极，产品已供应安东诺夫公司等企业。宗申航发在通用航空发动机 TCU、ECU 电控系统研发、螺旋桨研制等方面取得了突破性进展。川仪股份晶体科技分公司航空宝石轴承系列产品已向太原航空、四川新川航空仪器等公司常态化供货。

在无人机制造方面，重点发展了工业级无人机。亿飞智联公司研制机型 12 个，其中 4 个已投产；累计生产超过 280 架，2019 年实现收入约 2000 万元，同比增长 191%；深化与军工单位合作，成功开发起飞重量 40 千克的YF-M4垂直起降无人机。两江飞机设计院公司 R-20、R-100 成功完成首飞，R-17 正在小批量试生产。重庆国飞通用公司已成功研发变距多旋翼无人机、应急救援无人机系列、高层灭火无人机等多款无人机，多项产品填补了国内外空白。九龙坡区推进了长鹰无人机、蜂巢航宇无人机等项目。隆鑫通用 200 公斤级 XV-3 通用型无人直升机正进行定制化设计与飞行试验。

在研发创新平台方面，重庆通航集团建立了博士后科研工作站、企业技术中心、通航轻型飞机工程技术研究中心，牵头实施“高可靠性轻型飞机操纵系统研发及应用”等科技项目 20 余个。培育引进了中国兵器工业第五九研究所、重庆航天机电设计院、重庆恩斯特龙通用航空技术研究院、西北工业大学重庆科创中心等研发机构和平台。金世利航空组建金世利—哈工大钛合金焊接联合研发中心、金世利—重理工钛合金模具联合研发中心。人才培养方面，已发展重庆通航集团、渝翔航空飞行训练中心、启航航空、万能云海等一批通航培训机构。重庆航天职业技术学院两江项目预计总投资 15 亿元，可容纳在校生 1.2 万人，计划开设无人机应用技术、机电设备维修、飞行器制造技术等 37 个专业。金融租赁方面，依托重庆通航融资租赁公司开展整机采购、航空专业设备采购等业务，累计投放项目 22 个、资金近 5 亿元，预计

2019 年实现营业收入超过 2000 万元。

节能环保制造规模持续扩大，产业结构不断优化。目前重庆节能环保产业包括环境保护产品生产制造业、节能产品生产制造业、环境服务业、节能服务业营业、资源综合（循环）利用产品及服务业五大类。其中，环境保护产品生产制造业涉及的产品类别从 2015 年的 120 项增加到 2020 年的 300 余项，产品类别增长了 1.5 倍以上。拥有川仪集团、海特环保、耐德工业、智德热工等骨干企业。其中，川仪集团在仪表制造领域全国排名第一，占全国环保领域仪表设备销量的 25%。2019 年，重庆节能环保产业营业收入突破千亿元大关（见图 3-5），从事节能环保产业相关企业超过 1500 家，从业人员为 11.5 万人左右，占全市就业人员年末人数的 0.57%，高于 2019 年全国平均水平 0.24 个百分点。以中国科学院重庆绿色智能技术研究院、重庆大学、西南大学等为主的一批科研院校，在污水处理、空气净化、饮用水净化、新材料技术、土壤修复治理、水土保持、新能源技术、新能源动力装置及系统等领域为全市节能环保产业提供了强大的人才支撑。全市拥有国家危险废物处置工程技术中心、国家垃圾焚烧处理与资源化工程技术中心、烟气脱硫国家地方联合工程研究中心、复杂煤气层瓦斯抽采国家地方联合工程实验室等国家级工程技术中心和实验室，有重庆市环保工程技术中心、污染防治与废物资源化重点实验室等市级创新平台，大力提升了节能环保领域人才创新能力。

装备制造业产业链价值链高端相对欠缺，产业韧性不足。重庆部分高端装备制造创新取得突出成绩，部分领域还具有相对领先技术，但总体来看仍存在较多不足（见表 3-8、表 3-9）。传统机械行业产值占全行业比重达 70% 以上，重型机械、大型发电设备等高端装备缺乏，机器人及智能装备、轨道交通装备、环保装备等新型装备规模较小，高端制造装备基础配套能力发展滞后，装备主机面临“空壳化”。如汽车车型多限于中低端市场，经济型产品占比高达 90%，零部件产品主要集中在车身、内外饰、底盘领域，在自动变速器、汽车电子等高附加值领域偏少；数控机床产品链不完整，数控特种加工机床缺乏，成型加工机床种类少，通用数控机床体量小、档次不高。从空

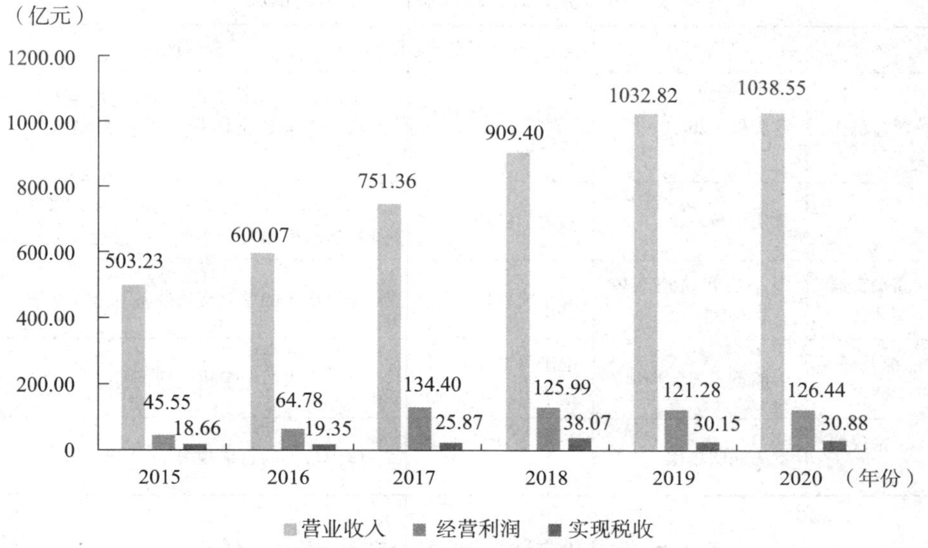

图 3-5 2015—2020 年重庆节能环保产业收入、利润及税收情况

间集聚布局看，部分领域装备制造业呈现明显的集聚性。如工业机器人产业主要分布在永川区和两江新区，智能制造装备产业主要分布在南岸区、九龙坡区，高端交通装备产业主要分布在两江新区、大渡口区，高端数控机床主要分布在两江新区和永川区。从本地产业链配套看，本地配套率相对较高。机加、铸锻、表面处理等基础工艺齐全，本地化配套率 90% 以上。单轨车辆、摩托全部实现国产化，本地配套率 90% 以上，地铁车辆本地配套率 75% 以上，风力发电机组一级配套商全部为国内企业，本地化配套率 40% 以上。大型柴油发动机所需零部件国内能供应 90% 以上，通机产品本地配套率 95% 以上。从市外产业链配套看，高端环节海外依赖性强，产业发展韧性不足。轨道车辆的广播系统、照明系统、不锈钢材料（宝钢、鞍钢）、传动装置需从北京、上海、江苏等地采购；叶片、发电机、活塞环等需从河南、山西、上海等地采购。数控系统、轴承、减速机、高端传感器主要采自欧洲、美国、日本等地，短时间无法实现国内替代，产业链韧性不足。

表 3-8　重庆部分高端装备产业创新情况

领域	行业代表	领先行业的创新技术	全国地位
数控机床	重庆机床集团	高效精密蜗杆砂轮磨齿机	全国有一半以上的齿轮机床都出自重庆，重庆是全国最大的成套制齿生产基地
机器人	重庆华数机器人	六关节机器人	焊接机器人、打磨抛光机器人以及生产线送料机器人，年产值已接近 2 亿元
高端交通装备	中车长客轨道车辆有限公司	跨座式单轨	全球最大的单轨交通装备制造业基地
能源及环保装备	中船重工海装风电	中国海装 LiGa 大数据平台	全球十大风电整机供应商
精密仪器仪表	重庆四联集团	蓝宝石生产与加工核心技术	国内最大的百亿规模 LED 产业链

表 3-9　重庆重点装备制造行业产业链价值链情况

产业	研发情况	制造情况
机器人	重庆市机器人产业技术创新战略联盟、国家机器人检测与评定中心、重庆鲁班机器人研究院、重庆固高长江研究院、重庆高创机器人研究院、中科院重庆绿色智能研究院、重庆大学、重庆邮电大学、重庆理工大学等研发机构	全市工业机器人企业 200 余家。川崎、发那科、库卡、ABB、西门子、商汤科技、长泰、华中数控、新登奇、华数、华中数控、广数、长安徕斯、利勃海尔、固高科技、长安工业、重庆机器人、川仪、重齿等国内外知名企业
数控机床	重庆机床企业技术中心、院士专家工作站和博士后科研工作站、重庆奔腾数控技术研究所	重庆机床、埃马克机床、利勃海尔机床、世玛德等机床整机重点企业和 ABB、发那科等行业领先的零部件企业
轨道交通装备	与法国泰雷兹、美国 GE、清华同方、南瑞自控、日本日立等国内外知名企业合作，和清华大学、重庆大学、重庆交大、西南交大等高校建立产学研合作，全面掌握轨道梁桥、道岔、车辆等关键核心技术，创立了全球首个跨座式单轨国家标准体系	重庆轨道交通产业覆盖产业链上、中、下游，相关企业超过 80 家，基本实现国产化。 勘察设计：重庆轨道交通设计院、重庆勘测院等。 工程建设：以重庆机电工程公司为首的工程企业承接了多条轨道交通站后机电设备总承包项目，具备轨道交通总承包资质和能力。 装备制造：中车长客轨道、凯瑞车辆传动、长征重工、北车四方所科技、川仪轨道交通装备分公司、康尼轨道交通等 50 余家企业，在整车制造、配套机电系统、施工装备等方面有相对优势。 运维服务：重庆市轨道集团具备线路运营咨询、运营管理和维护资质和能力，丰富的城市轨道交通线路运营管理和维护经验

续表

产业	研发情况	制造情况
通用航空产业	重庆通航集团博士后科研工作站、企业技术中心、通航轻型飞机工程技术研究中心。 中国兵器工业第五九研究所、重庆航天机电设计院、重庆恩斯特龙通用航空技术研究院、西北工业大学重庆科创中心等研发机构和平台。 金世利航空组建金世利—哈工大钛合金焊接联合研发中心、金世利—重理工钛合金模具联合研发中心	以重庆通航集团、宗申航发、金世利航空、三耐科技为代表的通用航空制造和以重庆通用航空、神龙通用航空、飞行学院重庆通航培训为代表的运营服务相关企业200余家，其中高新技术企业10余家。低空飞行已构建起以通用机场和飞行服务站为支撑、较为完善的保障体系
节能环保装备	重庆中法环保研发中心、重庆海润节能研究院	企业：中电远达、耐德工业、三峰环境、三峰卡万塔、中天环保、重庆通用工业、再升科技、川仪、新华化工、海特、康达环保等。 主要产品：电子工业专业设备制造、环境保护专用设备制造、水资源专用机械设备制造、其他电子设备制造、环境监测专用仪器仪表制造、环境污染处理专用药剂材料制造、垃圾焚烧发电设备制造等

（四）材料产业是重庆工业基础性和支撑性产业，但产业链条短，研发服务等高价值环节薄弱

重庆材料产业总体规模相对较大，但产品品类层次较低。从品种属性看，材料产业属于上游行业，产业链相对较散、较短。重庆材料产业主要涉及钢铁、铜、合金材料、玻纤及复合材料、聚氨酯材料、水泥及制品、玻璃、陶瓷、装配式建筑部品部件等领域，先进轻合金材料和玻纤及复合材料等新材料产业发展较快（见图3-6），但总体来看呈现品类较多，高附加值、功能性、战略性材料相对较少，技术含量和附加值较低的建材占比大的突出问题。2019年，重庆材料产业实现规模以上总产值4018亿元，占规模以上制造业比重20.3%，仅次于电子信息制造业占比。从内部结构看：一是化工、冶金、建材分别占材料产业总量的22.8%、37.6%、39.6%；二是新材料产值为710亿元，占材料产业总量的17.7%，其中先进轻合金材料和化工新材料分别占比46%、21%。

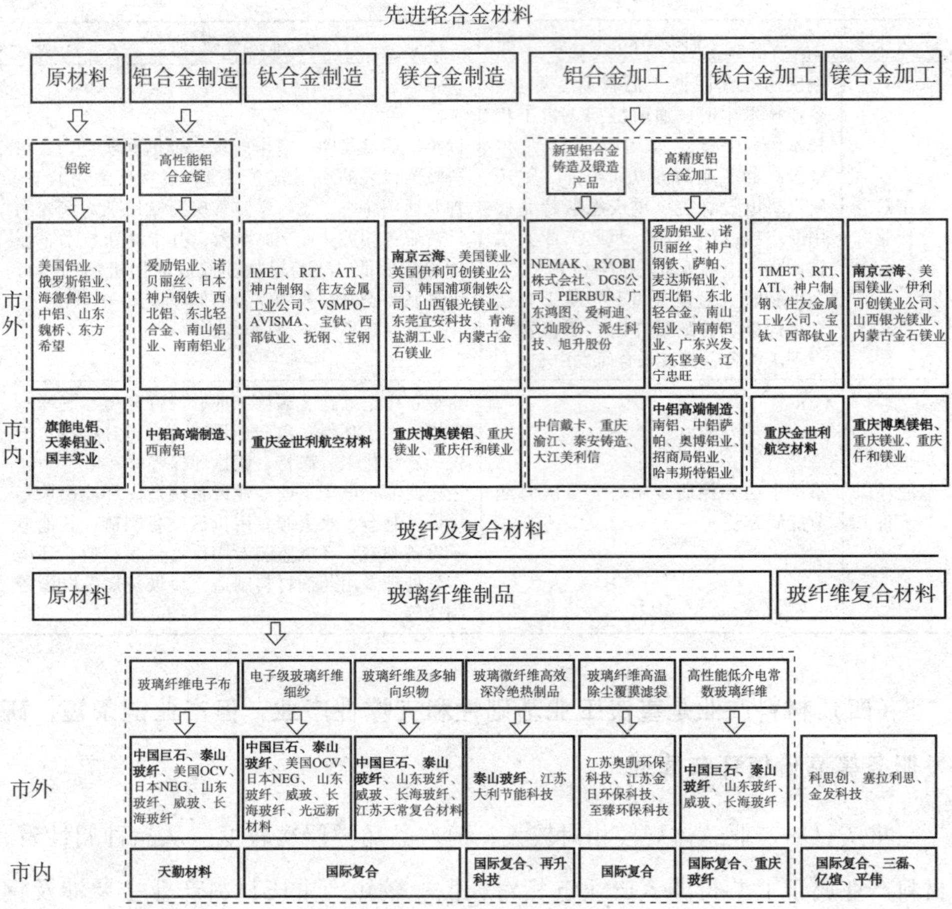

图 3-6　重庆先进轻合金材料和玻纤及复合材料产业链情况

注：**加粗**字体代表重点引进企业（市外企业）或重点培育本地企业（市内企业）。

重庆新材料各细分行业发展差异较大，产业链价值链稳定性和竞争力有待提升（见表 3-10）。

一是先进轻合金材料优势产品突出，部分产品生产制造环节在全国具有领先优势。先进轻合金材料主要为铝、镁、钛三个方向，以铝为主。铝产业形成了完整产业链，铝产业新材料主要为高性能铝合金锭、高精度铝合金加工材、新型铝合金铸造及锻造产品，以其轻量化、耐蚀性、导热快、比强度高等特点，应用于航空航天、国防军工、轨道交通、汽车、装备、建筑、电力、电子、包装等领域，重庆市铝合金产业优势产品为航空航天用大型铝材及部件、轨道车厢铝材、汽车铝合金型材及铸件、民用铝板带箔产品等，重点企业有西南铝、中铝萨帕、铝器时代、秦安铸造等。其中，龙头企业西南铝是全国生产规模最大、品种规格最齐全的综合性特大型铝加工企业，成为国内唯一的国产大飞机铝材供应商。2019 年，重庆市共生产氧化铝 132.88 万吨，同比增长 41%；电解铝 49.3 万吨，同比降低 4.3%；铝材 211.5 万吨，同比增长 9.9%。镁合金产业优势在于镁合金压铸产品，目前镁合金铸产品主要用于汽车仪表盘、座椅骨架、中控台骨架、电子产品机壳等方面，主要企业有重庆博奥镁铝。钛合金产业仅有金世利航空材料 1 家，主要产品为高温钛合金，主要产品为钛合金棒、圆锭、管材等，是国内唯一生产超大规格钛合金锭的生产企业。

二是玻纤及复合材料处于国内领先。玻纤及复合材料主要产品有两个方向，即玻纤及微玻纤，主要产品为高强高模玻纤、低碱无碱玻纤、风电纱、电子纱、微玻棉及其制品装备等，其中风电纱、电子纱、微玻纤空气过滤纸、隔热保温材料全球领先，主要企业有国际复合、再升科技。2019 年，重庆市共生产玻璃纤维 64.2 万吨，玻璃纤维布 7970 万米。

三是化工材料具有良好发展基础，构建起聚氨酯材料特色化工产业链（见图 3-7）。重庆是西南地区重要的综合性化工基地，历经 60 多年的发展，建成了具有技术和产品优势的天然气化工体系，建成全球领先的己二酸基地和国内领先的 MDI 基地，为发展聚氨酯（PU）材料产业创造了基础条件。目前全市建成了年产 40 万吨 MDI、75 万吨己二酸、4.6 万吨聚四氢呋喃等产品基地，为发展聚氨酯（PU）材料产业创造了基础条件；建成了年产 16 万吨氨纶、20 万吨聚氨酯树脂、3000 吨聚氨酯涂料等聚氨酯产品基地，聚氨酯材料初具规模；华峰化工、华峰新材料、巴斯夫公司等全国有影响力的企业落户重庆市，为重庆市聚氨酯材料产业发展起到了龙头带动作用（见表 3-11）。重点产品包括：乙烯/丙烯、环氧乙烷/环氧丙烷、聚醚多元醇/聚酯多元醇、聚氨酯泡沫、聚氨酯树脂、氨纶等。产业主要布局在长寿经开区、涪陵白涛工业园区。

四是关键战略材料石墨烯薄膜实现工程化、产业化突破。培育重庆石墨烯研究院、重庆墨希科技公司，形成从研发设计到制造的产业链条。

五是综合来看，全市材料产业上游保障外部依赖性较大。钢铁产业所需铁矿石供应全部依靠进口，主要来自澳大利亚、巴西；铝产业所需铝土矿全部外购，约30%采自贵州、广西等周边地区，约70%来自加纳、圭亚那等国家。原铜需全部外购，主要来自云南、安徽、江西，同时国内原铜材料对外依存度在70%以上。玻璃纤维行业所用白泡石主要从江西、安徽、四川等地外购。玻璃、陶瓷行业所用石英砂、高岭土、陶土、瓷土基本来自市外。化工行业中，重庆市面临“无油、少煤”难题，未来煤炭产能将进一步大幅缩减，烯烃、芳烃等重要化工原料短缺。

表 3-10　重庆新材料产业创新平台情况

类型	高校（所）	研究院所（个）	企业（家）	主要领域
重庆市重点实验室	9	4	1	轻金属科学、高性能航空铝合金材料、高性能耐腐蚀合金、金属增材制造等
重庆市工程技术研究中心	4	7	19	钢铁冶金、玻璃纤维及复合材料、蓝宝石材料与半导体照明、微纤维制品、镁合金制造、石墨烯薄膜制备、锂电池正极材料、光电显示材料、高性能工程塑料等
重庆市企业工程技术研究中心	—	—	15	玻璃纤维制品、电子电器功能材料、镁合金产品研发检测、特种电线电缆及高精铜型材、粉体功能材料、铝合金材料加工
重庆市产业技术协同创新中心	—	2	3	新能源材料及节能、复合材料产业、高聚物环保材料及制品、制动摩擦材料、特种电缆
重庆市产业技术创新研究院	—	—	2	膜材料与膜技术装备、纤维产业
重庆市技术创新中心	—	—	2	石墨烯、功率半导体
合计	13	13	42	

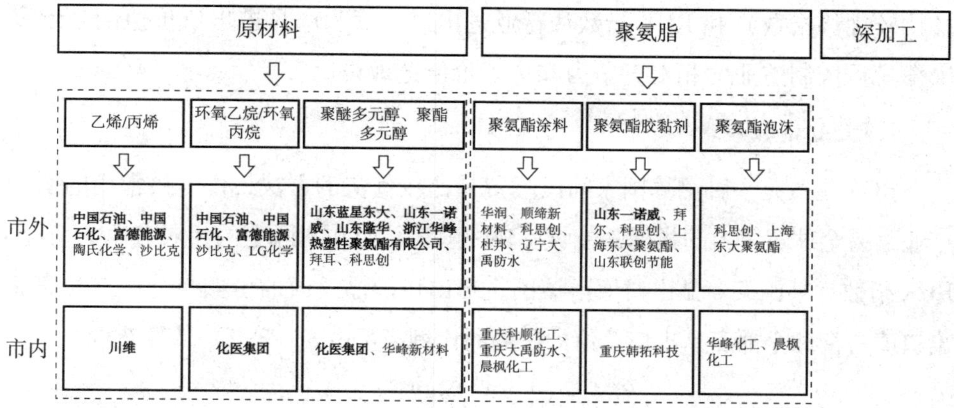

图 3-7 聚氨酯材料产业链

注：**加粗**字体代表重点引进企业（市外企业）或重点培育本地企业（市内企业）。

表 3-11 重庆重点材料产业情况

产业	产业链情况
铝材料	优势产品：航空航天用大型铝材及部件、轨道车厢铝材、汽车铝合金型材及铸件、民用铝板带箔产品等 重点企业：西南铝、中铝萨帕、铝器时代、秦安铸造等
镁合金材料	优势产品：镁合金压铸产品，主要用于汽车仪表盘、座椅骨架、中控台骨架、电子产品机壳等方面 重点企业：重庆博奥镁铝
钛合金材料	主要产品：高温钛合金、钛合金棒、圆锭、管材等 重点企业（仅 1 家）：金世利航空材料，是国内唯一生产超大规格钛合金锭生产企业
玻纤及复合材料	主要产品：玻纤及微玻纤，主要产品为高强高模玻纤、低碱无碱玻纤、风电纱、电子纱、微玻棉及其制品装备等，其中风电纱、电子纱、微玻纤空气过滤纸、隔热保温材料全球领先 重点企业：国际复合、再升科技
聚氨酯材料	主要产品：40 万吨 MDI、75 万吨己二酸、4.6 万吨聚四氢呋喃等；年产 16 万吨氨纶、20 万吨聚氨酯树脂、3000 吨聚氨酯涂料等聚氨酯产品 重点企业：华峰化工、华峰新材料、巴斯夫重庆公司等

二、重庆制造业在全球价值链中地位测度

（一）评价方法选择

参考现有研究，并根据评价科学性和数据可获得性，采用 RCA 指数（显

性比较优势指数）和 RUV 指数从行业进出口总值和产品进出口价值两个维度来衡量重庆制造业的相对竞争力和全球价值链地位。

1. RCA 指数

RCA 指数是一种测算国家间国际贸易比较优势的方法，作为最常用的衡量产业贸易全球竞争力的指标，能够反映一国某行业在国际上的相对竞争力情况。RCA 指数为某国某商品出口值占该国全部出口商品总值的份额与全球该类商品出口值占全球全部商品出口总值的份额的比例，可由式（3-1）计算获取：

$$RCA_{ij} = (X_{ij}/X_{tj})/(X_{iw}/X_{tw}) \tag{3-1}$$

其中，X 为出口值，下标 i、j 分别表示商品和国家，t 表示总值，w 表示全球。

RCA 指数通过将某商品在本国出口中所占的比重同全球贸易中该商品占全球贸易总额的比重进行比较，去除了该国总量波动和全球总量波动的干扰，可较好地反映该国某产业的出口相对于全球平均出口水平的优劣势。

通常情况下，RCA 值接近 1 表示相对比较利益为中性，即没有相对优势或劣势；RCA 值大于 1 表示某国某商品出口比重大于该商品的全球平均出口比重，表示该国该商品的国际市场优势和国际竞争力较强；RCA 值小于 1 则表示该国该商品的国际市场优势和国际竞争力较弱。日本贸易振兴机构（Japan External Trade Organization，JETRO）对 RCA 指标判断标准做了进一步的细分：若某国某商品 RCA>2.5，则表示该国该商品国际竞争力极强；若 1.25<RCA<2.5，则表示该国该商品国际竞争力较强；若 0.8<RCA<1.25，则表示该国该商品国际竞争力较弱；若 RCA<0.8，则该国该商品国际竞争力弱（见表 3-12）。

表 3-12　RCA 指数与竞争力评价

指数范围	产品竞争力
RCA>2.5	极强
1.25<RCA<2.5	较强
0.8<RCA<1.25	较弱
RCA<0.8	弱

参照 RCA 指数测算原理，结合本书研究目标，考虑数据可获得性和准确性，适当改造指数模型，通过测算重庆某产品出口占重庆总出口比重与全国同类产品出口占全国总出口比重的比率，以此定量评估重庆主要出口产品在全国对外开放合作中的相对竞争力强度。

2. RUV 指数

Greenaway & Milner（1995）提出了进出口商品的单位价值划分法，认为产品价格能实际反映产品档次，进而体现产品价值。基于此，对产业内贸易的产品品类做出归类划分，他们就产业内贸易价值判断提出方法：一个产业在全球价值链上分工地位的高低最直观的表现是该产业的产品出口价格与同类产品进口价格的差异性。因此，可通过对某国（或地区）出口产品与进口产品的价格差异分析，判断该国家（或地区）在全球价值链中的制造业地位，并由此提出 RUV 指数。出口产品价格低于进口产品价格一定比例的属于下垂直型贸易，说明产业在全球价值链中处于低端位置。RUV 指数等于某产品的当年出口价格与进口价格的比值，数学表达式为：

$$RUV_{XM}=UV_{ij,k,t}^{X}/UV_{ij,k,t}^{M} \tag{3-2}$$

其中，$UV_{ij,k,t}^{X}$表示产品 k 在 t 年的出口价格（i 国向 j 国出口），$UV_{ij,k,t}^{M}$表示产品 k 在 t 年的进口价格（i 国自 j 国进口）。当 RUV 值在区间［$1-a$，$1+a$］范围内时，贸易形式为水平型产业内贸易。水平型产业内贸易表示，i 国进出口同类产品单价差异在一个设定的价格区间范围内（［$1-a$，$1+a$］），价格差异性不突出，进出口同类产品的质量相同或相近，但由于微观性能和属性不同，进而产生了产业内贸易，符合该类价格差异性特征的产品制造业被认为处于中间位置。进出口单位价格差异在设定范围外的产品的双向贸易属于垂直型产业内贸易，表示进出口产品的质量有较明显的区别。根据质量的差异特征，垂直型产业内贸易又可划分为上垂直型产业内贸易和下垂直型产业内贸易两类。当 RUV 值大于 $1+a$ 时，表示 i 国贸易形式为上垂直型产业内贸易，其出口产品价格高出进口同类产品价格一定比例，说明 i 国该类产品制造业在全球价值链中处于高端位置。当 RUV 值小于 $1-a$ 时，贸易形式为下垂直型产业内贸易。下垂直型产业内贸易表示，i 国出口产品价格低于其进口同类产品价格一定比例，说明 i 国该类产品制造业在全球价值链中处于低端位置。Greenaway、Hine & Milner（1994）将 α 设为 0.15，即 RUV_{XM} 值落入区间［0.85，1.15］内时，贸易形式为水平型产业内贸易。

当 RUV_{XM} 值大于 1.15 时，贸易形式为上垂直型产业内贸易；RUV_{XM} 值小于 0.85 时，贸易形式为下垂直型产业内贸易。但刘敏（2016）在对我国地区制造业在全球价值链国际分工地位进行验证时提出，我国产品的进口价格通常采用 CIF 到岸价格计量，这种计量价格除包含生产成本外，还包含了运输费用、保险费用等其他成本；而出口价格通常采用 FOB 离岸价格计量，FOB 离岸价格计量与 CIF 到岸价格计量的区别在于，FOB 离岸价格仅包含了生产成本，其他成本均未考虑在内。我国对进出口价格计量方式的差异导致同水平质量的产品的进口价格一定程度上高于出口价格。因此结合我国实际，刘敏（2016）认为水平型产业内贸易的 RUV_{XM} 值范围为［0.8，1.1］。即产品出口价格与进口价格的比值在［0.8，1.1］的产业内贸易为水平产业内贸易，比值大于 1.1 的为上垂直产业内贸易，比值小于 0.8 的为下垂直产业内贸易。

参考刘敏（2016）的方法，将［$1-a$，$1+a$］取值设定为［0.8，1.1］。实际计量过程中，某类产品的出口价格为该类产品的出口总值与出口总量的比值，某类产品的进口价格为该类产品的进口总值与进口总量的比值。进而用该类产品的出口价格比进口价格计算得出该类产品的 RUV 指数，判断该类产品的产业内贸易地位情况。

为测度重庆制造业及其重点行业的全球价值链国际分工地位，需计算行业 RUV 指数，即行业的出口价格除以行业进口价格。由于上文提到的现有学者采用的 RUV 指数仅针对具体产品，而某一行业包含众多不同类型的产品，这就给 RUV 指数计算带来了新的难题。主要难点在于，计算某一行业 RUV 指数时，行业项下包含 N 个产品，而统计局公布的各产品进出口数量计量单位不一。如 A 类产品进出口数量以吨为计量单位，B 类产品进出口数量以台为计量单位，无法直接对产品进出口数量进行加总后，用行业出口总值/进口总值除以行业出口总量/进口总量计算得出该行业出口/进口价格，进而测算出该行业 RUV 指数。为解决这一计算问题，研究采取先分别计算某行业项下各类产品的产品 RUV 指数，然后以各类产品进口/出口总值在该行业进口/出口总值占比作为权重，对各类产品 RUV 指数进行加权平均后计算得出该行业的 RUV 指数。根据上述思路，将模型（3-2）进行修正完善，具体试算式如式（3-3）所示：

$$RUV_{XM} = \sum_{k=1}^{n} UV_{ij,\ k,\ t}^{X} \cdot w_{kx} / \sum_{k=1}^{n} UV_{ij,\ k,\ t}^{M} \cdot w_{km} \tag{3-3}$$

$$w_{kx} = X_k / X \tag{3-4}$$

$$w_{km} = M_k / M \tag{3-5}$$

其中，$UV_{ij,k,t}^{X}$表示同类计量单位产品 K 在 t 年的出口价格（i 国对 j 国出口），$UV_{ij,k,t}^{M}$表示同类计量单位产品 k 在 t 年的进口价格（i 国从 j 国进口）；w_{kx}表示同类计量单位产品 K 出口价格权重，由产品 K 出口额 X_K 占该行业总出口额 X 的比重计算得出；w_{km}表示同类计量单位产品 K 进口价格权重，由产品 K 进口额 M_K 占该行业总进口额 M 的比重计算得出；n 代表该行业各产品计量单位种类数。

采用上述修正后的模型，可计算得出重庆制造业及其重点行业 RUV 指数，结合基于 RUV 指数的全球价值链地位区间范围判定表（见表 3-13），做出重庆制造业及其重点行业全球价值链国际分工地位的判断。

表 3-13　基于 RUV 指数的全球价值链地位区间范围判定

指数范围	全球价值链地位
RUV<0.8	下垂直型产业内贸易，相对处于全球价值链低端地位
0.8≤RUV≤1.1	水平型产业内贸易，相对处于全球价值链中端地位
RUV>1.1	上垂直型产业内贸易，相对处于全球价值链高端地位

（二）定量测算

以统计局公布的重庆制造业进出口数据为基础，分析重庆制造业及其重点行业的竞争力及全球价值链地位。从《重庆统计年鉴（2020）》中的主要商品进出口数量和金额表可以看出，2019 年，重庆制造业进出口总值 6632686 万美元，其中，出口 4300455 万美元，占全市出口总值的 80%；进口 2332231 万美元，占全市进口总值的 77%；制造业进出口总值占全市进出口总值比重超过 80%，制造业在重庆进出口中具有绝对支撑地位。

由于《重庆统计年鉴（2020）》中仅发布了主要商品进出口数量和金额，并未发布按行业划分的进出口数量和金额，因此需要对已发布的主要商品按行业自行归类整理。本书以《年重庆统计年鉴（2020）》中“表 16-9　主要商品出口数量和金额”“表 16-10　主要商品进口数量和金额”为原始数据，对照重庆经信委支柱产业划分指引（见附录）进行分类归纳整理，得出重庆制造业重点行业进出口情况，如表 3-14 所示。

表 3-14　重庆制造业重点行业进出口情况（2019 年）

行业	出口总值（万美元）	占制造业出口比重（%）	进口总值（万美元）	占制造业进口比重（%）
电子	3411093	79.3	1829239	78.4
消费品	387183	9.0	101108	4.4
汽摩	336817	7.8	54275	2.3
材料	106296	2.5	239546	10.3
装备	40924	1.0	84142	3.6
医药	18142	0.4	23921	1.0
合计	4300455	100.0	2332231	100.0

从表 3-14 中可以看出，重庆制造业出口排名前三的产业分别为电子、消费品和汽摩。进口排名前三的产业分别为电子、材料和消费品。电子进口和出口在全市进出口中占比均接近 80%，表明电子在进出口产业中发挥着核心支撑作用。

按照本书构建的评价模型，代入《重庆统计年鉴》（2020）中的数据，计算得到重庆制造业及重点行业 RCA 指数和竞争力评价，如表 3-15 所示。

表 3-15　重庆制造业及重点行业 RCA 指数和竞争力评价

行业	RCA 指数	竞争力
制造业	1.23	较弱
电子产业	6.31	极强
汽摩产业	1.54	较强
消费品产业	0.65	弱

续表

行业	RCA 指数	竞争力
装备产业	0.94	较弱
材料产业	0.87	较弱
医药产业	0.42	弱

由表 3-15 可以看出，从全国层面看，重庆制造业整体上不具备较强的竞争力，但电子产业具有极强的竞争力，RCA 指数由 2015 年的 1.48 提升至 2019 年的 6.31；汽摩产业其次，具有较强竞争力；装备制造和材料产业竞争力较弱，消费品和医药产业竞争力最弱。

如表 3-16 所示，行业 RUV 指数对照全球价值链地位评价参考标准看，重庆制造业六大行业中，仅电子、材料产业处于中端，其他四类产业均处于低端，且 RUV 指数明显较低，整体来看，重庆制造业在全球价值链中处于相对低端的位置。

表 3-16　重庆制造业重点行业 RUV 指数

产业	RUV 指数	全球价值链地位
电子	0.98	中端
汽摩	0.05	低端
消费品	0.04	低端
材料	0.99	中端
装备	0.07	低端
医药	0.14	低端

三、总结

综合定性分析及定量判断，可以得出如下结论：

（1）制造业整体竞争力及全球价值链地位均较低。

重庆制造业整体在全国对外开放竞争中处于较弱（RCA 指数为 1.23）水平，但接近较强（RCA 指数为 1.25）水平，在全球价值链中处于相对低端地位（绝大部分行业处于明显低端位置）。总体来看，重庆制造业在全球市场占有、产品价值方面均亟待提升。

分析其主要原因在于：一是重庆以开放发展促进贸易规模较快提升，制造业转型升级较慢。重庆作为老工业基地，奠定了较好的制造业基础，近年大力建设内陆开放高地，积极融入全球产业链价值链，外贸规模取得相对突出成就。但全市传统产业占比较大（如全市装备制造业中传统机械行业产值占全行业比重达70%以上），存在较大程度的路径依赖，转型升级相对较慢，影响市场竞争力和在全球价值链地位的提升。二是客观经济地理劣势影响制造业创新升级。重庆地处内陆的客观地理劣势导致在吸引各类高端要素聚集、高质量产业集群建设等方面先天不足，发展水平、财力资金、重大科研平台缺乏、技术创新领军人才缺乏等影响整体创新能力，制造业转型升级动力和支撑力不足。

但同时也应看到，重庆加快实施创新驱动战略、建设内陆开放高地、打通“四向”开放大通道，为融入国内国际大循环、吸引各类高端要素、推动制造业高质量发展创造了诸多有利条件，制造业提升竞争力和全球价值链地位，加快高质量发展的潜力较大。如创新驱动方面，重庆正举全市之力、集全市之智，大力推动科学城建设。一是推进创新平台建设。当前已落户科学城的中科院重庆科学中心、超瞬态物质科学实验装置、种质创制大科学中心、重庆大学科学中心等将全面开工建设，中国自然人群资源库重庆中心、北京大学重庆大数据研究院等即将建成投运。集中签约高校、科研院所参与科学城建设创新项目总计24个。二是加快创新主体引进和培育。在前期的一系列企业、人才扶持办法的支撑下，截至2020年，西部（重庆）科学城的市级科技型企业、高新技术企业数量分别增长92.8%、42%；市级以上科技创新创业人才数量增长34.2%，徐涛院士、李校堃院士等国家级领军团队项目落户。2021年3月，西部（重庆）科学城正式出台了40条“金凤凰”政策，其中就包括含金量更高的关于人才引育、扶持企业科技创新方面的一揽子政策。三是优化创新生态环境。举办重庆国际创投大会，设立总规模300亿元的双城经济圈发展基金；组建西南首只21亿元科技成果转化股权投资基金；获批国家双创示范基地，截至2020年，国家级孵化器、众创空间增至5个。一大批科技平台、科研院所、科技型企业陆续入驻，一个个科技创新项目开工建设，高质量企业、科研机构、人才、资金供给正在加速集聚，为重庆制造业全球价值链地位提升开拓了广阔前景。

（2）电子产业竞争力相对突出，在全球价值链地位处于中端。

从 RUV 指数看，电子信息制造业该指数为 0.98，位于［0.8，1.1］区间，处于全球价值链中端，这与近年来业界和学者对重庆电子产业形成的一般认知（附加值相对低，基本处于价值链低端）有所差异，客观分析其主要原因在于：一是从市场占有率看，重庆部分电子产品在我国出口产品中占有份额较高，在全球市场占比也较大。其中，笔记本电脑产量全球第一、手机在国内市场排列第三（其中智能手机占比近 60%），从单个产品价值及整体数量规模上体现出电子产业较强的市场竞争力，且近年呈逐年上升趋势。二是从电子产业发展演变看，近十年的发展，重庆电子产业的转型升级和集群发展已然从量的积累逐步转向了质的变化，产业竞争能力和价值得到了较大的提升。从产业链配套看，重庆虽以笔记本电脑为代表从低端组装加工嵌入全球产业链，但随着近十年先后推进实施“云端计划”“芯屏器核网”等产业链完善升级发展策略，在不断提升本地、国内配套形成较完善产业链的同时，产品也实现快速升级，在集成电路、新型显示等产品领域实现较大突破，前后端的研发设计、营销、结算等服务业配套不断完善，电子产品附加值加快提升，电子信息产业链和产业集群基本形成，促进全球竞争力和价值链地位的提升。但同时也应该看到，重庆电子产业在关键核心部件（从研发设计到制造环节）外部依赖性依然很大，“卡脖子”问题突出，且短期难以有效解决，要保持并不断提升市场竞争力和全球价值链地位，面临来自发达国家的技术封锁和国内其他省市的竞争挑战。

（3）材料产业竞争力较弱，在全球价值链中处于中端。

主要原因在于：一是材料产业进出口总量较小，出口量为 106296 万美元，占全市材料产业总产值不足 1%，出口、进口值分别占全市制造业出口、进口总值的 2.5%、10.3%，市场占有率较低，竞争力相对较弱。二是新材料产业发展取得突出成效。全市材料产业产品不断创新升级，新材料产值占材料产业总值比重达 17.7%，新材料行业研发投入强度（研发投入占企业主营业务收入比重）为接近 4%的较高水平，拥有国家级技术中心 4 个（仪表功能材料研发中心、镁合金材料研发中心、西南铝集团技术中心、重庆钢铁集团技术中心），市级创新平台 68 个，在铝合金、镁合金、玻璃纤维复合材料、半导体材料等细分行业的创新能力突出。从进、出口产品单价比较看，重庆玻璃、钢材、未锻轧铝及铝材、锯材等产品出口单价高于进口单价，先进合金材料等发展成效和态势较好，推动材料产业在全球价值链中不断提升至中端水平。但总体来看，全市材料产业低端产品占比大、研发创新不足、产品价值较低等问题仍然突出，产业竞争力和价值链地位亟待进一步提升。

（4）汽摩、装备、消费品、医药四大产业在全球价值链中处于低端。

从竞争力看，汽摩产业竞争力较强，装备产业较弱，消费品和医药产业弱；从全球价值链地位看，四大行业均处于低端。主要原因在于：一是从汽摩产量及市场占有看，具有一定优势。重庆汽车产业已形成了规模化的“1+10+1000”产业集群①，截至 2019 年年末，拥有汽车整车生产企业 41 家（市内独立车企 17 家，市外车企分公司 4 家、改装车企业 20 家），具备乘用车、商用车、专用车较为齐全的产品谱系；具备发动机、制动系统、转向系统、变速器、车桥、空调、内饰系统等各大总成完整的供应体系，汽车零部件本地配套率超过 70%。汽车整车综合生产能力达 400 万辆/年，产能位列全国前列，2016 年处于全国第 1 位，近年有所下滑，2019 年处于全国第 7。从摩托车产业看，重庆是全国重要的摩托车生产制造基地，拥有力帆、宗申、隆鑫、建设雅马哈、广本万强等国内外知名厂商并排名全国前列，具有年产 1000 万辆整车和 2000 万台发动机的综合生产能力，当前产销量仍占全国 1/4。但装备、消费品、医药产量、出口市场占有等方面在全国不具有优势，体现为比较弱的市场竞争力。二是从全球价值链看，上述四大产业均处于低端，主要原因在于创新能力不足、技术含量低、集群效应未形成等。以汽车产业为例，重庆汽车制造业主要集中在中低端车型，2018 年重庆市汽车产业单车价值仅

---

① 长安系+十余家整车企业+上千家配套企业。

为 8 万元/辆，单车利润仅为 0.4 万元/辆左右，均远低于全国平均水平。另外，由于重庆汽车零部件企业多数起步于摩托车配套企业，现有产品主要面向中低端整车配套，全市汽车核心零部件配套中的本地中高端配套不足（本地高端零部件配套率不足 20%）。特别是新能源汽车零部件方面，现有规模以上企业 16 家（1 家驱动电机企业、1 家电制动企业、2 家动力电池企业、2 家电转向企业、2 家电仪表企业、8 家电空调企业），电控系统等企业布局处于空白。而智能网联汽车方面，也仅有规模以上企业 1 家（车载娱乐系统企业），传感器、高精定位等核心零部件企业无。再以装备制造业为例，与工业发达国家和国内发达地区相比，重庆在发展高端装备方面差距明显，尤其是部分领域核心技术受制于人，关键零部件等基础配套发展滞后，“软服务”较为欠缺。目前，90%的高端传感器、高档数控机床、工业软件，80%的集成电路芯片制造装备，70%的工业机器人、汽车制造关键设备依赖进口。生产以组装、检验居多，研发端及制造核心环节很少在本地进行，自主产品缺少标志性品牌和高端产品。不仅导致高端装备制造业发展十分艰难，而且在国内产业功能定位重合、政策红利日趋趋同、同质化竞争中处于不利的地位。

但同时也应看到，上述产业正加快转型升级步伐。如 2020 年重庆汽车产业在一系列中高端新品的带动下，在全国汽车产业持续下滑背景下率先触底反弹、逆势增长，随着新能源汽车、智能网联汽车创新发展步伐加快，汽车产业提升国际竞争力和全球价值链地位潜力巨大。高端装备制造近年来产值增速均明显高于规模工业平均增速，尤其是智能机器人、智能制造装备增长较快。2018 年，重庆高端装备制造业增加值同比增长 13.4%，高于规模工业平均水平 12.9 个百分点。其中，智能机器人、智能制造装备分别实现产值 100.6 亿元、121.1 亿元，同比分别增长 33.8%、21.8%。智能制造产业从小到大快速集聚，引进了川崎、库卡、ABB、发那科等四大全球领先的智能制造企业和一批国内知名企业，长安汽车、四联集团、西南集成、中科云从等本土智能制造企业加快培育，数控机床、3D 打印、激光制造装备、成型制造装备、环保装备、轨道交通装备等高端制造业领域多点布局，重庆装备制造发展能力不断提高。

第四章

典型国家（地区）促进制造业升级高质量发展案例借鉴

选取发达国家（地区）、我国发达省份制造业发展，尤其是提升制造业在全球价值链中的地位案例，剖析其有益经验，对重庆，包括西部地区提升制造业 GVC 地位提供参考。

第一节　发达国家（地区）案例剖析

一、美国芝加哥

芝加哥市位于美国中部，地处北美大陆的中心地带，是美国的金融、文化、制造业、期货和商品交易中心之一。在钢铁、金属、化工、食品加工、电子、石油加工、印刷和运输机械设备工业等制造业领域，均居领先水平。钢铁工业规模在美国处于首位，集聚了美国钢铁公司、加来钢厂等大型企业。美国500家最大的公司中，有33家的总部设在芝加哥及附近地区，比较重要的有摩托罗拉、阿莫科及内陆钢铁公司、波音公司等。

主要做法：一是政府强化顶层设计，突出政策措施保障，充分发挥制造业价值链升级的规制者驱动力量。多年来，芝加哥先后制定出台《芝加哥中心区发展计划》《芝加哥发展计划》《典型工业区计划》等一系列战略性政策文件；充分利用美国开发西部、建设贯穿东西铁路等机遇，大力建设基础设施，成为全美交通中心和"中西部的首都"；高规格设立专项招商机构，大力推进制造业招商引资。二是把优化升级制造业产业结构作为主引擎。芝加哥十分注重发展高技术产业和传统工业升级并驱推动，突出做强最优传统优势工业，加快形成完整产业链；把保护环境、产业整合、优化生产流程作为提质升级传统工业重要举措；大力发展通信设备业、照明和电气设备业、医疗器械业等成为新兴的优势产业，培育壮大生物科技、信息科技、绿色能源等新兴产业。三是瞄准科技产业中高端环节招商引资。注重引进新兴产业中的管理、研发、营销等价值链高端部门，创新招引优惠政策，吸引不少国际知名制造业企业总部落地，如通过加大税收优惠力度，成功将波音飞机公司总部迁入芝加哥，带来了超过300名高级市场管理、项目开发专家；充分发挥芝加哥大学、西北大学等优质富集高校创新资源，大力引进国内外有影响力制造业研究、开发等机构。

专栏 4-1　芝加哥制造业转型发展历程

芝加哥制造业的发展大致分为发展期、繁荣期、转型期、稳定期四个阶段。

发展期（19 世纪 30 年代至 19 世纪末）

19 世纪初，芝加哥还是人迹罕至之处。伴随 19 世纪 30 年代西部开发热潮，芝加哥日渐兴隆，1837 年正式组建为市，并具备一个工业化城市的雏形，木材加工厂、农具制造厂、马车制造厂、造砖厂、采石场相继建成。水运和铁运对促进芝加哥在 19 世纪的发展起到了决定性的作用。1848 年，伊密运河建成，运河将五大湖与密西西比河相连，商船从南方的加勒比海可直达东海岸的纽约，水运奠定了芝加哥 19 世纪起步的基础。随后的铁路建设吸收了运河修建完工后的劳动力，到 1860 年，芝加哥已有 11 条铁路线，向东、南、西三个方向呈放射状分布，使其旋即成为中西部乃至全美最重要的铁路交通中心，提升了其中心城市的地位，并推进了其 19 世纪后期的腾飞。借助于 19 世纪中叶美国西部大开发的历史机遇和运输事业的贡献，芝加哥成功实现了由农业城镇向制造基地的转变。这一阶段芝加哥的主要工业有两类：一类是利用周边原材料的粮食加工、肉类加工、包装、皮革制造、木材加工；另一类是服务于周边居民的印刷、家庭生活用品制造、服装制造、马车制造、建材工业等。

繁荣期（20 世纪上半叶）

20 世纪初，芝加哥进入一个新的以大都市区为主要形式的发展时期，芝加哥市区和周边县的人口同时增长，工业卫星城纷纷出现。20 世纪上半叶是芝加哥以重工业为主的近代工业化时期，传统的利用腹地原材料和服务腹地居民的制造业地位下降，重工业（如钢铁、金属加工、化工、机械制造等）地位上升。20 世纪 30 年代，芝加哥重工业已很发达，并于 20 世纪 50 年代达到辉煌时期，在此期间，芝加哥形成了钢铁工业、机械制造业、金属加工业、食品加工业、化工业、印刷业等对经济贡献极大的制造业支柱部门。为“二战”服务的军工企业的发展也促进了芝加哥地区的工业发展。芝加哥东南的卡路梅特工业区是20世纪全美最大的钢铁基地，吸引钢铁企业的主要原因是廉价的水运，既能运来苏必利尔湖带的铁矿，又可运出炼成的钢铁，而且芝加哥地区本身就是钢铁大市场。第二次世界大战结束时，芝加哥的钢铁生产总量仍占全国1/4，超过在此方面一直遥遥领先的匹兹堡，在机床加工、印刷出版、化工、食品加工、精细金属加工等方面在全国也保持领先。据统计，1947年芝加哥市的制造业占大都市区制造业的比重高达71%。除了制造业外，芝加哥市仍然是交通运输中心，还是零售业中心，餐饮、住宿、旅游中心。1955年，芝加哥建成了世界上最大的奥黑尔国际机场，成为美国和全球的航空运输中心。

转型期（20世纪下半叶）

20世纪60年代后，随着美国工业结构的转型，重工业的重要性越来越下降，制造业就业岗位大量减少。在这个过程中，芝加哥也出现了郊区化所带来的制造业衰退和就业岗位外迁问题。1961年，芝加哥制造业在大都市区制造业的比例从1947的71%下降到54%，很多工厂从市区搬到郊区。芝加哥制造业的发展进入转型期，表现在其制造业GDP增长率以及就业岗位的变化趋势上。自20世纪60年代初期以来，芝加哥大都市区的制造业增长率呈现较大的波动，但是总体呈现下降趋势。与此同时，芝加哥制造业的就业岗位大量减少。仅仅从1979年到1989年，芝加哥就减少了15.2万个制造业就业岗位。20世纪90年代，制造业的就业岗位仍在减少，只占全部就业岗位450万个的14%，大量就业人口转入服务业以及在郊区兴起的信息产业。由于经济结构的变化，芝加哥出现了按人种、经济收入划分的人口分离等社会问题。面对复杂的城市经济、社会问题，芝加哥从20世纪60年代开始研究新一轮城市经济发展、产业结构调整策略，20世纪80年代最终确定并贯彻执行了“以服务业为主导的多元化经济”的发展目标。一方面，立足金属加工、食品等传统制造优势，重点扶植与制造业紧密关联的新兴服务业，致力于引进新兴高科技工业中的管理、研发、营销等价值链高端部门；另一方面，利用位于美国交通运输网络中心的有利区位，充分发挥并加强传统金融贸易中心的地位，大力发展商业贸易、金融、会议展览及旅游业。到20世纪90年代末期，芝加哥完成了经济结构多元化的调整，不仅顺利度过经济波谷期，而且形成集聚效应，促进了新技术在制造业中的应用，重新成为经济全球化中的一个重要节点，成为一个真正的国际城市。利用金融贸易中心的地位以及位于美国交通运输网络中心的有利地理位置，芝加哥大力发展金融、商业贸易、旅游会展、物流业，使服务业成为城市经济的主要支柱。

稳定期（21世纪初至今）

进入21世纪，芝加哥前期的产业转型战略成效显现，成为国际航空运输中心、国际（美洲）光缆通信中心，美国的制造之都、金融贸易之都、会展之都、文化教育和工业中心，基本形成了以服务业为主的多元化经济结构。和20世纪90年代快速上升趋势相比，2002—2008年芝加哥服务业就业人数虽有所放缓，但总体呈现稳步攀升的趋势，至2008年芝加哥服务业就业人数就达到一个峰值，约390万人；但受全球金融危机影响，2010年年初服务业就业人员数量急剧下降至360万人左右；随着2010年全球经济形势的好转，芝加哥大都市区服务业就业人数重返上升通道，2012年年底服务业就业人员数量重返380万左右。与此同时，芝加哥大都市区制造业就业人数继续呈现下降趋势，尤其是2000—2004年急剧下降，从2000年的63万人下降至2004年的50万人；2005—2008年，制造业就业人数继续下滑；2010年年初受金融危机影响就业人数跌至40万左右；随着2010年全球经济形势的好转，芝加哥制造业就业人数略有回升，2019年年底达到约50万人。近年来，芝加哥制造业GDP占芝加哥大都市区GDP的比重维持在11.0%~12.7%，占全美制造业GDP的比重在4.0%~4.5%，呈现出稳定发展的特征。

二、日本

日本属于全球高度发达国家，也是亚洲最发达的经济体。第二次世界大战前日本已经成为工业大国，“二战”后日本历经20多年的高速发展，在20世纪80年代成为全球第二大经济体，也成功跻身全球发达国家行列，成为全球制造业强国和科技强国，诸多制造行业在全球价值链中处于高端。其中，高端机床业非常发达，实力居全球首位，汽车制造业十分强大，属于汽车制造强国；精密仪器制造水准位居全球前列，半导体原材料处于全球垄断地位等。

主要做法：一是突出产品质量提升。日本将产品质量上升为制造业竞争力的核心要素，并引导企业树立质量优先的生存之本。比如，松下集团在机构设置上专设两个品质管理部门，负责对产品质量严格监控把关，既要倡导“一分价钱一分货”理念，又要倡导“品质不变”企业文化，针对不同潜在消费者人群，设置不同组别，在保持产品同等品质下，紧贴不同组别的人群需求，以不同类型、不同价格的方式推出个性化产品。二是更加注重基础技术研究和创新驱动。“基础研究+应用研究”模式是日本大企业主要发展动力。比如，日本精工奉行技术至上主义，将摩擦学技术、材料技术、解析技术及机电一体化技术四大核心技术作为企业安身立命之本，更加突出基础物理、化学研究，生产出低摩擦、高精度、低噪声、长寿命的轴承，同时加强与全球物理学家、化学家加强合作，定期赞助世界摩擦学大会等全球学术会议，推动基础研究，以技术创新赋能产品质量提升。日立集团同样将基础研究摆在突出位置，除了拥有大规模的应用研究团队外，还专门另设一批专业人才开展相关基础研究。三是推动国际化运营管理。日本积极突围本土市场狭小、资源匮乏的不利制约，走国际化道路是企业重要战略之一，带动产品“卖全球”。松下集团产品供应链遍布全球，在全球国家和地区拥有超过27万员工，600多家子公司。日立企业积极融入全球化部署，以产业价值链高端为突破口，大力开拓海外业务，外售半导体、超薄电视和个人电脑等不盈利业务，同步集聚大数据集成应用分析技术，分别在美国、英国等收购一批高精尖公司。同时为获取客户资源，在意大利、土耳其等地收购不少知名企业，海外公司的比例高达70%以上。四是注重价值链协同发展。金字塔式结构模式是日本制造业典型格局，最上层是三菱、富士、住友、松下、日立等超大型企业，第二层是为其配套的中小企业，再往下第三层甚至第四层是为第二层配套的更小、更上游的企业，各层之间紧密合作、环环紧扣、分工明确，形成了完备制造业产业链价值链。

专栏 4-2　日本制造业转型发展历程

一直以来，日本制造业都以先进可靠的科学技术与孜孜不倦的创新精神著称。其技术创新变迁大体分为三个阶段。

第一阶段：20 世纪 80 年代之前的“山寨”历程

“二战”结束后，作为战败国的日本不仅经济萧条，制造业更是遭受了灭顶之灾。数据显示，1946 年日本制造业生产能力不到战前最高水平（1934—1936 年平均水准）的 40%，工业设备的 30%~60%遭到破坏。同时，主要制造业产品产量锐减，几乎都降至战前巅峰时期的 50%以下，如 1945 年的纺织工业为战前最高水平的 33%，硫黄生产能力为 42%，造纸能力为 46%，钢铁量为 15%，石油和石油制品的库存仅有 1941 年的 10%。为了尽快冲出经济困境，日本决心以美国为榜样，充分利用自身的“后发优势”来引进吸收美国制造业的先进技术与创意。具体到产品上，无论是电脑、日常消费品还是汽车、通信等领域，均步步紧随，无一例外。直接的结果便是日本境内开始涌现出大量的“山寨”商品，几乎覆盖了所有行业。不过，这种简单粗暴的复制并未持续很久。在陷入“山寨”的坏印象后，日本人开始逐渐转变思维，他们不仅从书本上吸取知识，还买来竞争对手的产品进行拆解，对每个部件进行彻底的研究，进而吸收其设计思想。不仅如此，日本技术人员还把制造产品的机械装置作为研究对象加以攻关。这种模式被日本人冠以一个很有“工业党”既视感的名字——“逆向工程”。在“逆向工程”的影响下，日本告别了 20 世纪四五十年代高成本、低效率的生产模式，通过大力引进先进技术来积极谋求重化工领域的设施更新，而电力、钢铁和海运领域的高级技术模仿亦成为当时的发展主流。如此一来，日本实现了从大规模生产、自动化技术引进、机械自动化到高技术、大规模生产体系全面建立的逐步跨越，并有力地推动了国民经济的复苏与发展。这也为其下一阶段的技术创新模式变革打下了坚实的基础。

第二阶段：20 世纪 80 年代的“科技立国”战略

进入 20 世纪 80 年代，激烈的国际竞争和贸易摩擦让日本当局意识到，单纯依靠“技术引进”的模式不能促进日本经济的持久发展，必须培育自身的科学技术创新能力，才能在国际竞争中居于不败地位。于是，日本政府基于国际国内经济形势的变化，重新对国家的科技发展战略进行调整，并提出了“科技立国”的战略口号，其标志是 1980 年日本通产省发布了《80 年代通商产业政策展望》文件。同年 10 月，日本科学技术厅公布的《科技白皮书》中再次明确提出了“科技立国”战略。这一时期，日本开始将发展重心向知识密集型产业倾斜，诸如原子能产业、电子信息产业、计算机产业与飞机制造业等成为资金与智力资源的主要输送地。与此同时，日本还注重强化重点实验室未商品化产品、寻求产业集约式发展。随着“科技立国”战略的深入贯彻，日本的高精尖产业自主研发能力也得到进一步提升。

第三阶段：20 世纪 90 年代以后的“科技创新立国”战略

20 世纪 80 年代末期的泡沫经济重创了日本。此后，日本经济长期在低谷中徘徊，但国际上的科技竞争并没有因为日本经济的大萧条而停止，反而愈演愈烈。内忧外患的双重压力，给日本带来了巨大压力。为了重振经济，追赶“知识经济”新时代的步伐，在 21 世纪的国际竞争中占据优势，日本政府进一步丰富了“科技立国”战略的内涵，并提出了“科技创新立国”的新口号，强调日本要彻底告别“模仿与改良的时代”，而后更是采取了一系列措施来加以贯彻。在此期间，日本无论是在科技研发人员数量、论文发表数量还是专利申请数量上，均取得了重要突破，而纳米技术、生物医药、电子信息等高精尖领域更是得到了长足发展。至此，日本已然跃居全球为数不多的技术发达国家行列之中。

综上，日本制造业的发展历程实际上就是一部技术创新史，不同阶段创新模式的变革与选择，导演了这场荡气回肠的崛起。

三、韩国

韩国是亚洲四小龙中最大的经济体，是一个新兴工业国家，制造业是其国民经济的重要组成部分，增加值占GDP比重近30%。韩国也是全球制造业较为发达的国家之一，电子、汽车、船舶、石化、钢铁行业在全球具有重要地位。在联合国工业发展组织编制的制造业竞争力排名中，韩国制造业竞争力指数连续多年位列全球第四。

主要做法：一是政府主动作为，创造良好产业政策环境，推动产业升级。积极顺应不同时期、不同阶段市场变化，有针对性地出台产业政策，促进产业升级。例如，汽车行业的《汽车工业育成计划》、半导体行业的《半导体芯片保护法》等，分类、分阶段从用地、税收、融资、技术投资等方面提供大力支持。韩国企业在技术的独立性较强，企业学习、创新积极性高，推崇做技术主导者，尽量不走"国际加工厂"路线。同时，为保障"技术立国"战略有效实施，其专门成立了国家科技委员会，由总统担任委员长，为科技创新发展提供坚强政府支持。二是注重品牌塑造及推广，做强"微笑曲线"两端，提升制造业国际竞争优势。大力实施制造业"国家品牌"战略，大力推广民族品牌，发挥优质制造业企业和产品优势，建立政府和民间文化项目合作机制，发挥自治团体、公共团体、企业等力量，扩大优势品牌宣传覆盖面。同时，将研发设计作为提升品牌价值的主要抓手，推动制造业与设计服务业深度融合，经过多年发展，成功的外观设计使韩国制造业品牌享誉国际。三是大力培养高端人才，打造多层次人才支撑队伍。将培育"产学研"综合型高级人才作为队伍建设的核心任务，特别是在重化工业阶段的后期，为满足技术、知识密集型产业的人才需求，先后制定了《国家技术资格法》《技术劳务育成法》等政策，建立职业技术培训与高等教育双轮驱动教育体系，加大培养技术人才。同时，设立国际化、专业化引才团队，专职负责在美国、日本及欧洲等发达国家和地区进行高端制造业人才招引。四是加大金融支持，强化制造业企业融资保障。在用好用足财政融资基础上，创新政策性融资方式，为制造业创新发展提供充足资金支持，尤其是对综合收益不高、民间资本投资意愿不高的制造业创新企业提供低息贷款，为战略产业的发展提供长期、低息的贷款，有效解决中小制造业企业融资难问题。

专栏 4-3　韩国制造业转型发展历程

韩国是一个新兴工业国家，也是全球制造业较为发达的国家之一，电子、汽车、船舶、石化、钢铁行业在全球具有重要地位。在联合国工业发展组织编制的制造业竞争力排名中，韩国制造业竞争力指数位居全球前列。制造业是其国民经济的重要组成部分，韩国制造业增加值占GDP 的比重从 20 世纪 60 年代初期的 12%提升至当前的 30%。制造业发展阶段从 20 世纪 60 年代的劳动密集型逐步升级到当前的知识密集型，主要经历了四个阶段：1962—1972 年为劳动密集型阶段，这一阶段主要发展轻纺、食品烟草等轻工业产业。1973—1981 年为资本密集型阶段，1973 年韩国公布并实施“重化工业发展计划”，大量投资向重化工业倾斜。这一阶段汽车产业、船舶产业、石化工业、钢铁行业逐步成长。1982—1991 年为技术密集型阶段，这一阶段造船、汽车成长为主导产业，电子信息产业得到迅速发展。1992 年至今为知识密集型阶段，电子计算机、通信终端等技术密集型和知识密集型产业在制造业中比重迅速扩大。同时，韩国大力发展生产性服务业，包括研发产业、设计产业、高级组装产业等，通过扩大无形资产，向产业价值链的最高点优化升级。

第二节　国内典型省市案例剖析

一、台湾

中国台湾作为 20 世纪 80 年代的亚洲四小龙之一，制造业较为发达，主要以电子制造、精密机械、石化、半导体、橡胶等产业为主。通过多年发展壮大，其已成为世界中高端精密机械的主要产地之一，机床出口额全球排名第四，仅次于日本、德国、瑞士，特别是半导体、电子制造等领域更是享誉全球，处于领先地位。

主要做法：一是明晰特色制造业发展战略，提升国际竞争力。20 世纪 70 年代，台湾在国际经济衰退的背景下，善于审时度势、抢抓机遇，把发展电子工业上升为重点战略来抓，积极抢占国际制造业市场制高点。进入 80 年代以来，以信息业为代表的电子工业在台湾发展迅速，如长期盘踞台湾产业支柱的石化、塑料行业，被电子、电机行业的电工器材业取代，产业转型取得明显成效。同时，政府支持企业组团发展，整合多家半导体企业，建立了“台湾记忆体公司”，比如，群创并购奇美等，在全球半导体、面板领域形成新的竞争格局。二是突出科技对促进制造业升级的支撑。台湾将科技创新作为制造业升级战略，以创新驱动促进产品质量提升，从而增强本地制造业竞争力。充分考虑自身土地面积较小、市场不大以及难以形成规模效应等实际因素，政府加大研发经费投入强度，大力发展附加值高、科技含量高的制造业。从往年世界经济论坛（WEF）《全球竞争力报告》评比看，台湾创新指标处于全球前列，排名多次进入全球前十，具有强大的制造业科技实力。三是深度融入中国大陆价值链开拓制造业市场空间。在历史原因影响下，台湾和中国大陆两个市场在一定程度上处于割裂局面。但是，随着经济互融性不断加深和历史持续进步，尤其是在我国对台优惠的产业政策加速发力，台湾制造业在大陆市场加速拓展，制造业发展空间更加广阔。

专栏 4-4　台湾四大世界级制造产业

半导体产业：代表公司为台积电、联发科、联电、日月光、华亚科、南亚科、奇景光电，力晶半导体被称为国家工业的明珠，是国家综合实力的体现。经过数十年的发展，联发科、台积电、联电、日月光、联咏、瑞昱等企业迅速发展，让台湾半导体在全球产业链中占有一席之地。台湾的芯片工业已经形成上下游全产业链布局，涵盖硅晶圆、芯片设计、芯片制造、封测等诸多领域。根据2019年的数据，台湾半导体产业的总产值达880亿美元，仅次于美国。

电子制造业：代表公司为鸿海精密、和硕联合、仁宝电脑、广达电脑、纬创资通、佳世达科技、英业达台湾企业电子合约制造，以金额计算占据全球市场份额的75%（约为3100亿美元）。台湾已成为世界最大的科技产品制造业聚落。

精密机械产业：代表公司为友嘉实业集团、东台精机、程泰、台中精机、永进、上银、罗翌。台湾的精密机械主要包括数控机床、磨床、加工中心、攻牙机、制鞋机等各种工业加工机械及其配件，零部件制造。现在我国台湾机床产品出口额位居全球第四，仅次于日本、德国、瑞士。

显示技术产业：代表企业为群创光电、友达光电、中华映管、翰宇彩晶等。群创光电、友达光电两者市场占有率合计达35%左右。同时台湾元太科技还是全球最大的墨水屏制造商。此外，台湾另两家显示面板商中华映管和翰宇彩晶也占有一定的市场份额。

二、上海

上海市作为长三角地区龙头引领直辖市，正大力建设国际经济、金融、贸易、航运和科技创新等“五个中心”，也是我国航空、汽车、电气、机械等领域制造业的重要基地，工业基础雄厚，曾诞生过新中国工业史上多个第一。目前制造业总产值超3万亿元，其中，节能环保、生物医药、高端制造、新能源、新材料等战略性新兴产业总产值超过1万亿元，制造业质量竞争力指数达93，连续多年排名全国第一。

主要做法：一是重大工程项目实施成为制造业产业链价值链的引领力量。围绕制造业发展重主机轻零部件、缺核少芯等问题，加强顶层设计，制定出台了《工业强基工程实施方案》，聚焦新材料、智能制造装备等8个重点领域，明确人工智能芯片、超导材料等320个发展方向。促进整机与“四基”企业协同，走质量为先、以质取胜的“精工制造”之路。建立了重大产业项目统筹机制，加快建设储备一批引领性强、成长性好、带动性大的战略性新兴制造业项目。支持国内外领军制造业企业设立产业创新中心，开展核心技术研发、集成创新应用，联合产业链中小企业进行系统布局。目前，战略性新兴制造业产值占工业总产值比重近30%。二是新技术改造提升传统制造业，提升价值链地位。以数字化网络化智能化主线，聚焦打通智能制造、工业互联网共性薄弱环节，启动和实施了智能制造“十百千”工程和推进长三角智能制造“百千万”工程，推动5G通信、人工智能、大数据及工业互联网等新兴技术和制造业深度融合，加快传统制造业转型升级。同时，支持制造业供应商为用户提供了解决方案、项目融资、工程建设等一揽子服务，与用户企业分享智能改造效益。上海“两化”融合指数保持在93以上，位居全国前列。三是政府突出政策协调，优化发展环境，成为推动制造业价值链升级和高质量发展的外部动力。积极引导资源要素向先进制造业集聚，提升产业核心竞争力，制定了巩固提升实体经济能级50项措施和出台金融支持先进制造业高质量发展综合服务15条政策措施，既对接供给侧结构性改革等已有政策，也从金融、土地、人才等各方面提出了创新政策，如设立了先进制造产业投资基金，形成良好金融生态。此外，制定出台了“对外开放100条”，大力构筑更加开放的先进制造业产业体系，鼓励外资投资先进制造业，外商及港澳台投资实现工业总产值占全市规模以上工业总产值比重超60%。

专栏4-5　上海市制造业发展方向及重点

三大重点产业

集成电路产业：努力打造完备产业生态，加快建设张江实验室，加强前瞻性、颠覆性技术研发布局，构建上海集成电路研发中心等为主要支撑的创新平台体系。围绕国家重大生产力布局，推动先进工艺、特色工艺产线等重大项目加快建设、尽早达产，加快高端芯片设计、关键器件、核心装备材料、EDA设计工具等产业链关键环节攻关突破，加强长三角产业链协作，逐步形成综合性集成电路产业集群，带动全国集成电路产业加快发展。

生物医药产业：建设生物医药领域国家级重大创新平台，布局建设一批基础研究和转化平台，组织实施应用领域关键技术攻关。推动产医融合，鼓励企业与高水平医院合作，建立医企融合示范基地，健全市级医院医企协同研究创新平台功能，建立医企需求对接工作机制，加快国家转化医学中心（上海）投入运营，加速临床研究成果转化，加大医保支持力度。加速产业链集聚发展，高标准规划打造以“张江药谷”为引领、临港新片区等为依托的“1+5+X”生物医药产业基地新布局，鼓励推广合同研发及生产等组织模式。优化产业发展环境，积极引导社会资本参与支持生物医药早期项目，争取国家政策和制度突破，把握国家药监局药品和医疗器械技术审评检查长三角分中心建设机遇，加快创新药品和医疗器械研发上市。

人工智能：以提升基础创新能力和拓展应用场景为双引擎，建设人工智能领域国家级重大创新平台，打造一批高水平开放协同平台，在智能芯片、智能软件、智能驾驶、智能机器人等领域，持续落地一批重大产业项目。围绕制造、医疗、交通、教育、金融、城市管理等领域，形成更广泛的“智能+”深度融合应用和技术迭代。持续办好世界人工智能大会。

六大重点产业集群

电子信息产业：加强5G融合应用，推动规模化部署，带动新一代通信设备产业发展。促进新型显示发展，打造国内领先的超高清显示集聚区和“5G+8K”应用示范区。推动终端制造企业在产品形态、功能、商业模式上加强创新。加快智能传感器的规模化应用，加快建设上海智能传感器产业园。

生命健康产业：加强智能诊疗产品及核心零部件的创新研发，推进智能可穿戴设备、健身运动器材、养老康复设备、健康管理设备等产品的质量优化，推广优质健康产品示范应用。大力发展健康服务新业态、新模式，促进健康服务与互联网、养老康复、健身休闲、文化旅游等领域融合发展，大力发展智能、精准、可定制的健康服务。

新能源及智能网联汽车：把握电动化、智能化、网联化、共享化发展趋势，着力优化汽车产品和服务结构。加快发展新能源汽车，形成动力电池、驱动电机、电控及燃料电池电堆系统等关键总成的产业链条，加快燃料电池汽车推广应用，到2025年本地新能源汽车产值占汽车行业比重达到35%以上。打造国家智能汽车创新发展平台，推进引领全国的智能汽车示范应用和试点运营，实现自动驾驶特定场景商业化运营试点。引导车企向全方位移动出行产品和服务综合供应商转型，打造智慧全出行链，延伸发展汽车金融、租赁等后市场服务。

高端装备产业：加强航空航天技术攻关及配套能力建设，加速民用大飞机和航空发动机型号研制，推动单通道飞机（C919）实现适航取证，扩大批产规模，加快新型支线飞机（ARJ21）批量生产和系列化改进改型，推进宽体客机（CR929）研制，加快培育本土大飞机产业链。推动商业航天加快发展，打造高可用、高可信、高精度的卫星应用及位置服务产业链。优化船舶海工装备产品结构，大力发展大型邮轮、LNG运输船、超大型集装箱船、高端客滚船、全自动化码头作业装备、海上油气开采加工平台、海洋牧场装备等高技术高附加值产品，将长兴岛打造成为具备国际竞争力的船舶与海洋工程装备制造基地。支持智能机器人研发及产业化应用，提升高端数控机床、增材制造装备、轨道交通装备、智能仪器仪表等领域核心技术水平。推动能源环保装备智慧、绿色、高效发展，打造一批能源互联网示范工程。

新材料产业：不断优化钢铁产业产品结构，发展短流程炼钢，重点增强汽车、海工、电力、航空航天等领域高端钢铁产品的配套能力。优化石化产业链空间布局，支持向精细化、高端化延伸，发展先进高分子材料、专用化学品等，扩大高端产品结构占比。加快超导材料、石墨烯、碳纤维、3D打印材料等前沿新材料的研发、示范应用和产业化，提升电子信息、生物医药、航空航天等领域关键战略材料的综合保障能力。

现代消费品产业：适应和引领新消费需求，推动服饰、轻工、食品等特色产业提高原创设计能力，改进工艺水平，强化供应链整合，拓展线上线下营销渠道。焕新轻工业历史经典品牌，力争在美妆护肤、珠宝首饰、运动用品、智能家居、时尚数码、适老及婴童等领域推出适应新生代消费群体需求的优质产品和新锐品牌，将上海打造成为品牌荟萃、市场活跃、消费集聚、影响广泛的国际时尚之都、品牌之都。提升重庆绿色食品认证率，促进绿色食品规模化发展。

三、江苏

江苏省制造业高度发达，制造业总产值超过16万亿元，约占全国的1/8、全球的3%，制造业总量连续多年全国第一，收入规模前20的细分行业均位居全国前列，是名副其实的制造大省。江苏信息化发展指数为89.17，区域两化融合发展指数为97.37，企业两化融合发展指数为61.6，均居全国前列。全省累计创建超过450个省级示范智能车间，车间自动化、智能化装备比重达83%，智能装备联网率达87%。

主要做法：一是突出重点，参与全球合作与竞争。江苏在其已有制造业行业中，选择较有竞争力的物联网、集成电路、高端装备等13个先进制造业集群，作为长三角世界级产业集群的“种子”选手，参与全球的合作与竞争。二是大力构建制造业产学研政一体化体系。江苏在全国最早提出建立创新型省份，近1000家省内外高校院所与江苏省企业建立了稳定合作关系。同时，实施省内外科教资源苏北集聚计划，一批高水平高校院所先后布局苏北研究机构，逐步建立制造业科技人员在江苏服务产学研合作的常态化机制。三是大力招引高端人才。出台了“江苏省高层次创新创业人才引进计划”“科技创新创业双千人才工程”等系列育才政策，加快对制造业海外领军人才、拔尖人才和紧缺人才引进，并支持建设制造业企业科学家工作室、院士工作站等人才平台，进一步激发创新活力。四是加快建设制造业创新型载体。把制造业园区建设摆在突出位置，打造一批国家和省级高新技术产业园区，涌现出苏州高新区、无锡高新区、苏州工业园、常州高新区等一批国家创新型科技园区试点园区。在加大园区建设的同时，也积极开展了公共创新平台建设，成为加快制造业转型升级的孵化器和加速器。五是探索制造业发展融资新模式。推动科技与金融相结合，率先在全国开展科技小额贷款公司试点工作。创新科技信贷运营模式，建立完善的考核评审机制，开展知识产权质押贷款业务，积极推进科技保险、科技项目贷款风险补偿等金融创新，为中小科技创新制造业企业融资难问题的解决提供可借鉴的路径。

专栏 4-6　江苏先进制造业集群技术改造方向

江苏重点培育新型电力（新能源）装备、工程机械、物联网、高端纺织、前沿新材料、生物医药和新型医疗器械、集成电路、海工装备和高技术船舶、高端装备、节能环保、核心信息技术、汽车及零部件、新型显示等 13 个先进制造业集群，其主要技术改造升级方向如下。

实施企业信息化改造：支持信息技术在集群企业生产经营各环节的深度融合和集成应用，提升现有装备的可接入水平和装备间数据交互能力。推动研发设计协同化，支持企业完善产品研发设计数字化网络化环境，鼓励有条件的企业建立虚拟化产品开发网络和协同研发设计云服务平台。推动生产管控集成化，加速推进企业关键管控软件一体化规划设计及全覆盖应用，促进企业资源计划（ERP）、制造执行系统（MES）、供应链管理（SCM）等关键管控软件的普及推广应用，加快生产设备、装备的互联互通和自动化生产单元推广应用。

实施制造智能化改造：实施集群骨干企业智能化改造三年行动计划，鼓励企业应用先进数控技术改造基础制造装备，提升现有装备的加工效率、生产精度和控制水平。支持企业大规模运用工业机器人等智能化装备，建设智能化生产线，逐步建立面向生产全流程、管理全方位、产品全生命周期的智能制造模式，提高劳动生产率和产品质量稳定性。深入开展智能示范车间、智能工厂创建。

实施产业网络化改造：鼓励集群龙头企业与知名互联网企业深度合作，打造行业级工业互联网平台和若干在国内有一定影响力的综合性工业互联网平台。大力推动企业研发设计、生产制造、市场服务、设备管理等业务系统云化改造和向云端迁移；实施“互联网+小微企业”行动，支持中小微企业接入工业互联网平台，低成本快速形成信息化、数字化、网络化能力。鼓励集群骨干企业积极参与“数动未来”专项行动，有效提升数字经济新技术新模式应用水平。

实施绿色化改造：引导集群企业积极推广应用先进节能节水节材技术和工艺，加快源头减量、减毒、减排以及过程控制等绿色智能装备的改造升级，更新淘汰一批低端落后装备和生产线，减少工业固体废物、工业废水、工业废气排放。以锅炉（窑炉）改造、余热余压利用、电机系统改造、能量系统优化为重点，组织实施节能和循环经济改造工程，提高能源资源利用效率。

四、安徽

近年来，安徽省制造业发展呈现出规模跨越、速度领先、结构优化、质效提升、活力增强的良好态势，新兴工业大省地位基本确立，正加速向工业强省迈进。从全国范围来看，安徽制造业多项指标位居第一方阵，如汽车整车出口、工业机器人产量、规模以上工业增加值年均增速、两化融合指数、集成电路产量等位居全国前列；同时还拿下全球首条最高世代线第 10.5 代 TFT-LCD生产线，诞生全球首颗量子通信卫星等多个“世界第一”。

主要做法：一是率先实施“制造强省”战略，抢占发展先机。近年来，安徽省在全国率先提出制造强省政策，制定了《中国制造 2025 安徽篇》《制造强省建设行动方案》等政策，大力实施工业强基、高端制造、智能制造、绿色制造、精品制造、服务型制造“1+5”重大工程，培育形成智能语音、新能源汽车、工业机器人等战略性新兴产业集聚基地，并在人工智能、车联网等具有革命意义的新兴产业提早布局，抢占产业发展先机。二是把制造业创新体系建设摆在突出位置。举全省之力培育和激发创新能力，依托合肥综合性国家科学中心、合肥滨湖科学城、合芜蚌国家自主创新示范区和全面创新改革试验省“四个一”创新主平台，健全制造业创新体系，培育的国家级企业技术中心、国家技术创新示范企业分别超80家、30家。大力培育创新主体，全省建有科技企业孵化器超160家，众创空间超300家，在孵企业总数超6000家，科技创新创业平台不断夯实。在全国率先探索“人才+成果+金融+基地”模式，共吸引500多个科技团队在皖创办公司，转化先进科技成果。三是为企业“量身定制”含金量高、操作性强的政策。坚持加减并重，推出一批惠企利企政策，做加法上，印发制造强省、科教大省、技工大省、“三重一创”等一系列“政策10条”，拿出充足资金支持企业产业发展，其中在制造强省政策方面，以“后补助”等方式重点支持产业升级、企业培育、要素保障和激励机制，共拨付超30亿元省级财政专项资金至2600个企业（项目）；做减法上，在原“降成本20条”的基础上，推出“降成本新10条”，进一步减轻企业负担、营造良好环境，并有效提振了制造企业投资和发展信心。

专栏 4-7　安徽推进制造业与互联网融合主要路径

积极培育网络化协同制造、个性化定制、服务型制造等生产新模式，支持制造企业与互联网企业开展多种形式的跨界合作、融合发展，激发制造业发展新动能。

组织实施智能制造工程：支持平板显示、工业机器人、新能源汽车、数控机床、高性能医疗设备等领域新产品研发和产业化，大力发展智能制造装备和产品，在机械、汽车、电子电气、食品、纺织、家电、医药、物流仓储等领域加快实施“机器换人”，积极推进汽车、装备制造、电子信息、家电等领域的数字化车间和智能工厂建设试点。打造国内领先、达到国际先进水平、关键技术具有自主知识产权的首台（套）重大智能装备；在重点制造企业推广应用工业机器人，建成一批数字化车间和智能工厂；打造若干融合发展的智能制造产业集聚区。

推广网络化制造模式：积极培育网络化协同制造，重点在汽车、电子信息、家电、装备制造等领域开展网络化协同制造示范，推动网络控制、管理软件和数据平台的纵向集成，企业研发设计、客户关系管理和供应链管理等系统的横向集成，以及在线计量、在线检测等全产业链质量控制，实现上下游制造企业的信息共享、实时交互，设计、供应、制造和服务等环节的并行组织与协同优化。发展个性化定制，支持企业利用互联网采集并对接用户个性化需求，开展基于个性化产品的研发、生产、服务和商业模式创新，在家电、家居、服装等行业发展大规模定制模式，提高企业快速、低成本满足用户个性化需求的能力。发展服务型制造，重点在工程机械、汽车、智能电网等领域推进制造业服务化转型试点，开展故障预警、远程维护、过程优化等全生命周期管理和服务，培育智慧家庭、智能家电、智能可穿戴等领域的平台化服务新业态，拓展产品价值空间，推动从制造向“制造+服务”转型升级。

鼓励企业跨界合作：支持制造企业与互联网企业采取合资合作或并购等形式，成立新的经营主体，推动产品革新、模式创新和业务转型，培育新的经济增长点，实现优势互补、合作共赢。积极发展面向制造环节的分享经济，推动中小企业制造资源与互联网平台全面对接，实现制造能力的在线发布、协同和交易，打破企业界限，共享技术、设备和服务，形成基于网络、数据驱动的线下资源线上配置的新型生产方式，提升中小企业快速响应和柔性高效的供给能力。

培育工业电子商务：支持制造企业与电子商务企业在制造、营销、物流等环节开展多种形式的合作，整合线上线下资源，实现生产流通的高效协同。引导制造业重点行业骨干企业的采购销售平台向行业电子商务平台转型，提高企业供应链协同水平。鼓励企业发展和应用第三方工业电子商务平台，并引导平台向信息发布、在线交流、加工定制、技术服务、网上交易、跨境贸易、物流配送、跟踪追溯、支付结算、供应链金融、大数据分析等综合服务延伸。

第三节 案例启示

一、把强化政府引导作为制造业高质量发展的关键因素

政府高度重视推动制造业高质量发展是重要前提。从发达国家和地区促进制造业高质量发展的做法来看，不管是市场经济发达的美国、日本等国家，还是政府和市场共同作用的混合经济体制的韩国，政府在推动制造业高质量发展中发挥着重要引导和调控作用。比如，美国、韩国等国家十分注重顶层政策设计，分别制定了“美国先进制造业国家战略计划”“韩国科技发展长期计划”等促进制造业高质量发展的相关规划或行动计划，同时还采取了多种配套政策或财政上加大支持力度。从国内看，我国东部沿海省份在政策体系上较为完善，出台了一系列政策文件支持制造业转型升级，对制造业升级给予有针对性引导、调控与支持。

二、把突出技术创新作为制造业高质量发展的驱动力量

创新是引领发展的第一动力，对于制造业的转型升级加快高质量发展来说，创新尤其重要。为推动制造业技术创新，发达国家和地区纷纷加大了对技术创新的支持力度，把智能制造作为推动产业升级的主攻方向。比如，欧美和日韩等国家（地区）将制造业技术创新和智能制造作为国家战略，通过

给予税收抵免等加大对技术研发的政策支持，并同步加大对基础教育和科技投入的力度，注重知识产权保护，完善融资机制，营造良好的创新环境。一些先进国家（地区）积极集聚国内外各种创新要素，加快创新资源、创新主体的集中集约，着力打造具有区域影响力的创新产业集群。此外，深化产学研合作，支持金融、中介等机构参与创新活动，从制度创新、技术创新、管理创新、服务创新上下功夫，形成完善的制造业创新体系，促进创新成果转化。

三、把创造良好环境作为制造业高质量发展的重要保障

法治化、国际化、便利化的国际一流营商环境既是制造业发展的竞争力也是生产力。国内外非常重视为制造业高质量发展营造良好的发展环境，在项目建设用地、税收优惠、市场拓展、投融资、产业开放、资产重组、增资扩产等方面制定实施系列法律制度和政策措施，为制造业企业保驾护航，拓展国际合作，增强国际竞争力。加大公共服务平台建设，加大对检验检测、公共技术研发等公共服务平台支持力度，在资金、场地、装备等方面给予政策倾斜，通过加快构建以企业为主体、产学研互动的技术支撑平台，促进公共服务水平提升。完善国家或地区软硬件条件，强化基础设施建设，促进政府服务改善及优化，提高政府服务效率，并充分发挥行业协会等中介机构作用，助力推动制造业转型升级。

四、把加大人才培养作为制造业转型升级的有力支撑

人才是促进制造业升级发展的关键和力量源泉。发达国家对人才队伍建设十分重视。比如，美国在实施制造业发展国家战略计划中，将人才培养列为重点施策内容之一，通过丰厚的薪酬和优越的工作环境，吸引大量急需的各种制造业专业人才入美。德国、日本等则通过依托职业学校、企业和其他机构，建立了完善的职业培训体系，积极对接制造业短缺人才，培养了大批专业人才。我国东部沿海发达省份历来高度重视制造业人才的引进与培养。充分发挥当地优质教育资源，培育众多高素质人才，纷纷制定系列引才优惠政策，创造更加优越的环境，吸引具有创业精神和创业能力的制造业领军型人才扎根。

第五章

提升重庆制造业GVC地位 促进高质量发展的路径及举措

思路决定出路，目标引领发展。提升重庆制造业 GVC 定位，必须在客观认识重庆制造业发展现状特征、深刻把握全球价值链治理和高质量发展科学内涵的基础上，既要务实求变，加强战略谋划、创新发展思路，增强科学发展的可持续性，也要务实求进，明确重点领域，谋划实现路径，提升既定目标的可达性。

第一节　思路设计

未来全球产业的竞争将集中体现在价值链竞争。价值链竞争是决定产业乃至经济发展前途和命运的关键。当前，我国在世界经济中的地位持续上升，同世界经济联系更加紧密。但当今世界正面临百年未有之大变局，全球化遭遇逆流，区域一体化加速推进，全球价值链发展趋缓，格局将发生深刻演变。我国正在加快构建以国内大循环为主体，国内国际双循环相互促进的新发展格局，强化把握全球产业转移和价值链重构趋势，促进我国制造业价值链再升级、产业链价值链稳定安全和高质量发展。提升重庆制造业 GVC 地位，促进制造业高质量发展，关键在于客观分析全球价值链的演变规律和历史方位，客观认识重庆制造业所处的发展阶段、具备的发展优势和存在的短板，科学谋划提升重庆制造业 GVC 地位的思路和路径。

基于对 GVC 理论回顾分析、重庆制造业整体情况研判、重点制造业行业在全球价值链地位分析、典型国家制造业转型升级路径的梳理，从全球价值链视角出发促进重庆制造业高质量发展的思路应突出：紧抓构建"以国内大循环为主体、国内国际双循环相互促进新发展格局"的重大机遇，理性分析和科学研判国内国际宏观经济发展走势，深度融入国家"一带一路"建设、长江经济带、西部大开发和成渝地区双城经济圈等重大战略，以创新驱动和数字化转型为核心，以提升重点行业和关键领域 GVC 地位和核心竞争力为目标，深入实施"制造业高质量""生产性服务高水平""规制环境高效率"以及"混合动力""3+1"动力驱动战略，分阶段实施、分层次推进、分类型融入成渝地区双城经济圈、全国和全球价值链，加快推动制造业集群化、融合化、智能化发展，提升产业基础高级化、产业链现代化水平，加快重庆制造业高质量发展步伐，为构建高效精细分工、互补错位发展、科学有序竞争、相互协同融合的现代产业体系，打造国家智造重镇奠定坚实基础（见图 5-1）。

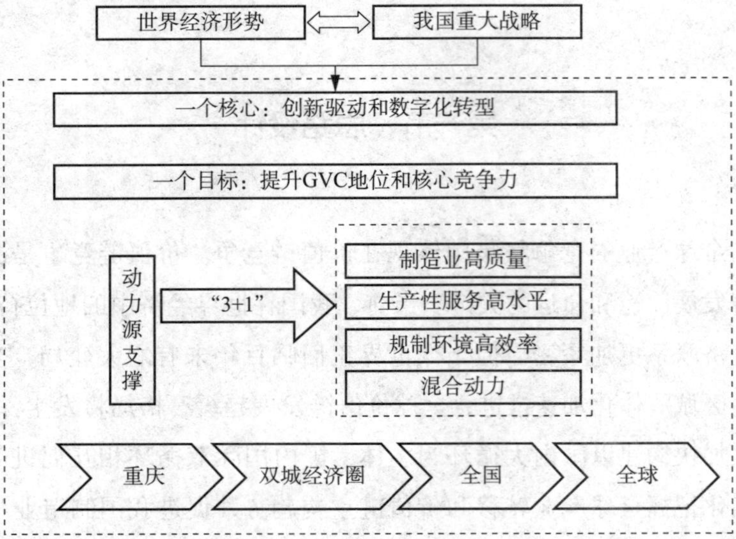

图 5-1 提升重庆制造业 GVC 地位思路框架

在上述总体思路下，突出以下四大重点：

一是以创新驱动和数字化转型为核心。创新是产业发展的根本动力，数字化转型是产业提质升级的普遍趋势。在全球价值链的形成和优化过程中，包括技术创新、模式创新、产品创新、政策创新、路径创新等在内的各类创新举措，包括支持创新的人、财、物以及将人、财、物组合的机制均是关键核心。数字化的转型与创新息息相关，数字化既是创新的结果，也是创新的源泉。提升重庆制造业 GVC 地位，必须把创新驱动和数字化转型摆在提升制造业 GVC 地位、促进高质量发展的核心位置，加快培育壮大一批产业发展平台、研发创新平台和专业服务平台，不断强化各类市场主体创新和数字化应用作用，将产业数字化、智能化改造作为主要路径，加快以信息技术为代表的新技术、新业态、新模式应用，不断拓展数字化应用新场景，激发产业数字化发展新动力，推动创新成果转化和数字化改造升级，完善科技创新体制机制，营造创新良好生态，提升产业科技创新能力和效率。

二是以提升全球价值链地位和核心竞争力为目标。GVC 根本内涵是全球经济的高度精细化和专业化分工，产业的核心竞争力是产业 GVC 地位的核心体现。增强区域产业竞争力、影响力、辐射力既是提升 GVC 地位的主要衡量指标，也是融入 GVC 的基本目标和根本路径。提升重庆制造业 GVC 地位，需要在构建国内大循环为主体的宏观环境下，加快构建区域、国内价值链，不断提升自身产业链价值链的稳定性和安全性，继续扩大产业对外开放水平和质量，推动产业重点领域、关键环节和核心产品融入全球产业分工和市场体系，在全面参与全球产业竞争和分工过程中不断夯实制造业高质量发展基础，快速提升产品市场占有率、技术支撑力和产业核心竞争力，抢占国际产业竞争“制高点”。

三是全面实施“3+1”动力支撑战略。提升重庆制造业 GVC 地位，需要遵循全球经济地理格局演变的客观规律，顺应产业布局发展和提质升级的一般规律，立足重庆、放眼全球，上下协同、内外结合，从产业本身、协作配套和外部支撑等方面，科学系统地探寻其发展动力支撑，既要强化单一动力支撑，也要关注动力之间的内在影响和作用机理，打造混合动力。综合来看，提升重庆制造业 GVC 地位，必须强化“制造业高质量”“生产性服务高水平”“规制环境高效率”以及“混合动力”“3+1”动力驱动战略。制造业高质量：通过科技原始创新和引进吸收再创新、培育和造就一支高质量人才队伍、催生新业态和新模式等路径，加快提升制造业关键领域和关键环节在全国、全球价值链地位，强化制造业高质量发展的动力支撑。生产性服务业高水平：立足制造业高质量发展需求，推动现代金融服务、现代物流服务、科技研发服务、商务服务等生产性服务业加快发展，提升与制造业发展的耦合度，同时加快生产性服务业向智能化转型，更好地服务和满足现代制造业高质量发展需求，进一步增强生产性服务业高水平发展的动力支撑。规制环境高效率：适应全球经济形势变化和市场需求，针对价值链各环节的科技研发、生产布局、贸易流通、人才等要素配置等需求，率先落实国家法律法规、产业目录、清单管理，优化完善地方性法规，加快优化财政税收等支持政策，优化商务软环境，强化综合交通和信息化设施等基础设施硬件服务能力，提升教育、医疗、人文、开放等配套服务水平，夯实规制环境高效率动力支撑。“3+1”混合动力驱动：要强化制造业高质量、生产服务业高水平、环境生态高效率和三大动力形成的混合动力支撑，加快培育“3+1”动力支撑体系。

四是实施“三分”阶段式融入路径。提升重庆制造业GVC地位，促进高质量发展是一项系统工程，不能一蹴而就。要在科学研判和精准识别国际国内发展环境的基础上，立足实际、把握机遇，按照不同的时间节点、不同的产业门类、不同的发展水平、不同的支持政策，分阶段实施、分层次推进、分类型融入。在融入时序上，要结合不同时间节点的不同重点任务，因地制宜、因业施策，分阶段制定和实施融入的思路、路径和措施，确保在适宜的时间推动适宜的产业加快融入。在融入路径上，要结合重庆制造业发展基础和特点，围绕全球发展新形势和我国新发展格局，加快提升重庆制造业在成渝地区双城经济圈核心地位，全面提升重庆制造业在全国价值链的地位和层次，进而融合全球价值链。在融入次序上，要深刻认识重庆制造业的比较优势和发展现状，推动在全国乃至全球具有明显比较优势的产业环节和领域示范先行，率先提升GVC地位，带动其他相关领域融入。

第二节　重点领域及路径

加快提升重庆制造业GVC地位，促进高质量发展，要在系统认识重庆制造业存在问题的基础上，结合国内外经济发展环境和产业发展趋势，创新发展思路路径和升级提质模式，针对不同行业领域、不同业态类型的个性化特征，采取差异化融入路径模式，同时强化人才、资本、政策、环境等支撑力度，为全面提升重庆制造业GVC地位提供科学可行性方案。

一、聚焦重点领域率先突破

重庆制造业行业门类总体比较齐全，但是发展不均衡，行业之间差距比较大，不是所有行业都能够在全球价值链上占有一席之地，如汽车、电子等产业规模比较大，相关细分行业已经融入全球产业分工体系，具备占据全球价值链一定地位的条件。相反，一些行业主要满足本地市场及国内周边地区，尚未在全球产业分工体系中占有一定地位。因此，要想尽快提升重庆制造业 GVC 地位，不能全面开花、平均用力，必须要聚焦重点行业、重点领域进行突破。为此，有必要确定选择原则和标准，将一些有一定基础、各方面条件都符合全球价值链地位提升要求的制造业行业甄选出来，有针对性地分类施策，推动行业加快升级，进而提升重庆制造业整体竞争力，加快实现高质量发展。

结合全球价值链内涵，选择重点突破领域应主要考虑以下因素：

一是产业发展需要在全球范围内配置资源。GVC 的概念本来就蕴含着全球性地域特点，也就是说，一个地区某个在 GVC 地位突出的产业，必然是能将全球范围内的产业发展资源和要素进行合理调配、实现自身发展的产业。因此，想要提升重庆制造业 GVC 地位，应当重点选择需要在全球范围内调配各种产业发展资源和要素，对开展相关产品的研发、生产、销售服务乃至回收处理的行业进行突破，而那些仅利用本地资源就可以完全实现整个产业循环的行业可不作为需要重点突破的领域。

二是产业链条应相对较长。GVC 涵盖一个产业的研发设计、生产制造、销售服务、售后服务、回收利用等全部产业链环节，需要多个国家和地区的数个企业和机构共同支撑。一个地区某个产业的 GVC 地位突出，那么其就必然能够掌控整个产业链的发展。如果产业链长，更加能够牵动产业链上所有环节的企业和地区为之配套，更有利于该地区该产业实现更好发展。为此，想要提升重庆制造业 GVC 地位，应重点选择那些产业链相对长的产业，以便于合理选择一些价值链高的环节切入，采取措施尽快提升产业 GVC 地位以推动重庆制造业实现高质量发展。

三是产业的供应链体系应该是全球化的。制造业 GVC 地位主要通过产业的供应链国际化等渠道实现，一个地区某个产业如果缺乏国际化的供应链体系，就不能实现原材料全球采购、产品全球销售，在全球的产业分工体系地位也不够突出，进而也难以体现该产业在全球价值链中的地位和价值。为此，想要提升重庆制造业 GVC 地位，应选择已经建立或者能够建立起国际化供应链体系的产业，在全球产业分工体系中承担必要的分工和产业链环节，真正融入全球价值链，逐步向中高端攀升，实现制造业的高质量发展。

四是产品能够走向国际市场。好产品是要经得起市场检验的，同样，产业发展也必须以市场需求为导向。因此，促进重庆制造业高质量发展也必须要把握市场需求导向这个规律。一个在 GVC 地位突出的产业，其产品市场需求必然是全球化的，不仅只满足本地（或国内）市场需求，更应瞄准海外广大市场需求。因此，通过提升 GVC 地位实现重庆制造业高质量发展，更应把握国际市场需求变化趋势，重点选择那些能够生产出适应国际市场需求产品的行业进行大力发展。

五是具有开放发展基础的产业。良好的发展基础是促进产业高质量发展的首要条件。一个在 GVC 地位突出的产业，其发展视角必然是全球视野，也必然是开放的，封闭的产业难以在全球价值链中攀升地位。同时，没有一定发展基础的产业短时间内也难以构建起产业链供应链体系，无法尽快提升 GVC 地位。为此，要想尽快提升重庆制造业 GVC 地位，不能从无中生有的产业门类以及封闭发展的产业中选择，而应该在具有一定国际化发展基础的制造业中选择。

根据上述重点考虑因素，结合重庆制造业发展基础条件，本书重点选择电子、汽车、摩托车、消费品、装备、材料、生物医药等制造业行业，结合行业特性，采取针对性策略提升各制造业行业在全球价值链中的地位，进而提升行业竞争力，加快全市制造业高质量发展进程。

二、因业施策加快提升制造业全球价值链地位

由于每个制造业行业的产业链供应链和产业分工体系不同，加上产业的发展基础、开放程度也各不相同，因此，必须结合实际情况，采取不同的措

施来推进重庆制造业尽快提升全球价值链地位。要按照发挥优势与弥补短板相结合，根据不同行业具有不同的“微笑曲线”特征，分类施策，从不同角度融入 GVC，尽快提升行业竞争力，推动重庆制造业加快升级，实现高质量发展。其中，电子、汽车、摩托车、消费品、生物医药等行业产品具有直接面向消费者的特点，应紧密结合整个消费市场的新特点、新变化以及消费者的消费升级需求，重点突出个性驱动，加快树立品牌，尽快实现升级，融入 GVC 中提升竞争力。装备、材料等行业更多体现对制造业其他行业发展的基础性支撑特征，应重点突出创新引领，进一步巩固强化发展基础，实现价值链升级，尽量融入 GVC 中，实现高质量发展。基于 GVC 视角的产业升级高质量发展模式见表 5-1。

表 5-1 基于 GVC 视角的产业升级高质量发展模式

升级模式	升级的内涵	升级的表现
工艺流程升级	通过对生产中的工艺流程进行重新塑造或升级来实现生产环节的效率提升	管理水平提升、成本降低，生产过程更有效率
产品升级	通过引进新的生产线来改进现有产品或研发新产品	从功能、技术等方面改造旧产品，推出新产品
功能升级	重新组合企业内各种经济活动以获得新的功能，增加经济活动的技术附加值	从生产向研发、营销等附加值高的环节延伸，例如从 OEM 到 ODM 再到 OBM 的升级
链条升级	将某一产业的材料、技术、知识应用于其他产业	从一个产业跨越到另一个产业，实现产业间的升级

资料来源：曹文梁和胡选子（2012）。

（一）电子产业重点突出产品升级和功能升级模式

1. 电子信息产业价值链构成

电子信息产业价值链最一般的分析框架可以抽象为原材料生产与供应—芯片及元器件生产—初级产品生产—整机生产与组装四个主要环节，其中每个环节又涉及研发/设计—采购—生产—销售—服务五大价值创造活动，各个环节之间通过信息流、物流和资金流联系在一起（见图 5-2）。整机类产品包括计算机、通信设备、网络设备、消费类电子产品等，要实现这些设备的功能，还需要相应的软件产品为其提供服务支持。不同的整机设备具有不同的产业特征，在具体产业价值链构成上也存在差别，如计算机产业价值链基本可划分为原材料生产与供应—芯片、零配件生产—外设生产—整机生产与组装—计算机软件及服务业五个主要环节；通信产业价值链基本可划分为原材料生产与供应—专用芯片、零配件生产—通信网络设备—通信终端设备—电信服务业五个主要环节（卢明华等，2004）。

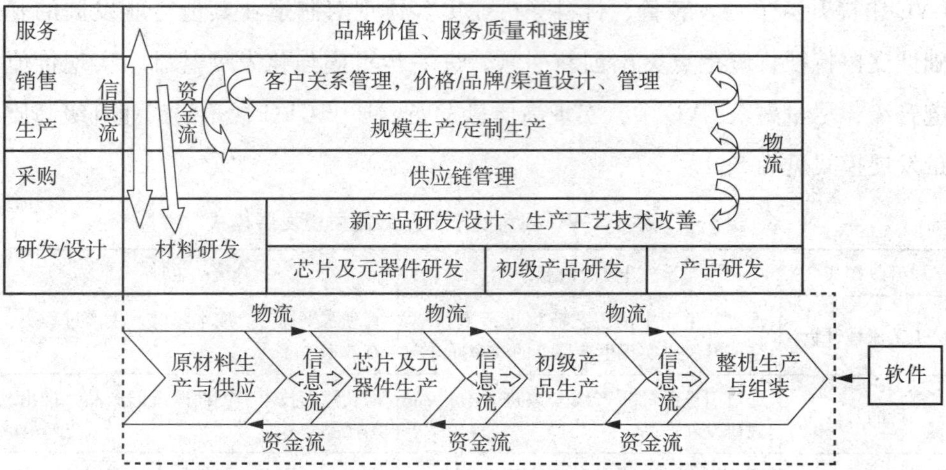

图 5-2　电子信息产业价值链示意图

2. 电子信息产业价值链分工特点

一般而言，加工制造环节位于曲线的底端，利润最薄弱。由加工制造环节向两边移动，左边的专利权、研发，右边的售后服务、市场营销等环节实现的附加价值都要比制造环节多，而且与加工制造环节的距离越远，各环节实现的附加价值就越多。从目前全球分工看，如图 5-3 所示，欧美国家和日本处于电子信息产业全球价值链的高端，它们拥有品牌，负责标准的制定、产品的研发以及系统的集成，控制着核心产品和新产品的生产。韩国、新加坡以及中国台湾地区处于产业链的中端，经过长期积累，它们已经有较好的生产技术，正发展成为集成电路等关键元器件的生产基地，并生产部分产品和高端新产品。而具有劳动力比较优势的发展中国家和地区则处于产业链的低端，主要从事一般元器件的生产以及整机的加工和组装。同时，全球电子信息产业逐步形成了以产业链为基础、相关配套产业高度聚集的产业基地和产业园，如美国的硅谷、北卡三角、波士顿 128 公路、得克萨斯州的奥斯汀，墨西哥的 Guadalajam 电子业基地、Tijuana 视听产业基地，英国的剑桥工业园、苏格兰工业园，德国慕尼黑工业园，法国的索非亚工业园，瑞典的 Kista 工业园，以及马来西亚的多媒体走廊，印度班加罗尔的软件外包基地，中国台湾地区的计算机及集成电路产业加工基地（王建平等，2006）。

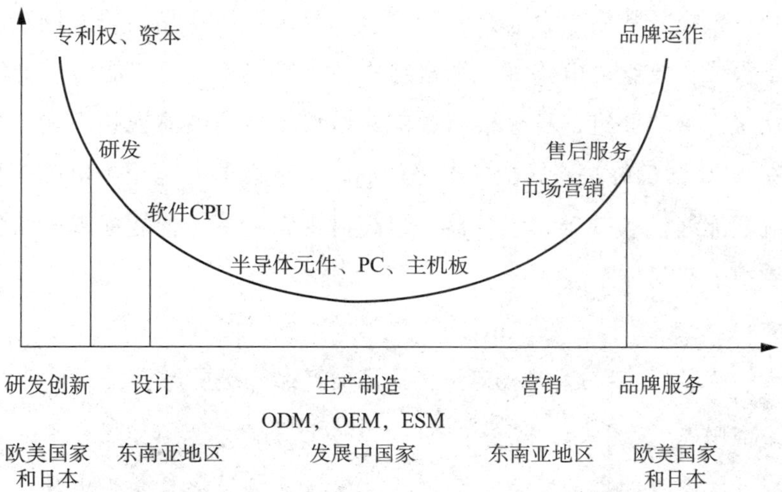

图 5-3　全球价值链中的电子信息产业微笑曲线

总体来看，重庆电子产业目前虽然处于全球价值链中端，但整体附加值相对较低，全球价值链地位有待进一步提升。一方面，大多数是产品组装加工制造环节，研发、销售等微笑曲线两端环节总体比较缺乏。如重庆生产的笔记本电脑、手机等智能终端产品的关键核心零部件主要依靠国内外采购，本地多是外围配套生产，产品附加值比较低。另一方面，本地自主品牌缺乏，从最早代工生产惠普、宏碁、华硕等品牌产品，到目前引进诸多国内品牌，但本地品牌凤毛麟角，品牌价值在产业价值链中体现的比例很低。因此，结合重庆电子产业的发展基础条件，应重点在产品升级和功能升级两方面着力，通过补链、延链再到强链（见专栏 5-1），提升全市电子产业在 GVC 中的地位。

3. 产品升级模式

随着生活水平的提高，人们对高端智能终端产品的消费需求日渐提高，重庆应顺应这一市场需求，围绕全市构建“芯屏器核网”全产业链，从半导体产品、关键核心零部件到个性化新型智能终端产品升级，加快推动本地生产的电子产品尽快升级，抢占全球产业市场。为此，应重点结合国内外市场需求和居民消费升级趋势，加快突破功率半导体、存储芯片、人工智能及物联网芯片、模拟及数模混合芯片、新型显示等半导体产品的研发制造，巩固锂电池、摄像头模组、电路板、精密结构件、触控模组、智能传感器等关键行业，加快完善产业链，积极推出智能穿戴设备、超高清视频终端、个性化智能终端、5G通信终端、智能家电等产品，形成以原有笔记本电脑、智能手机等传统智能终端为基础，服务器、超高清视频终端、智能穿戴等新型智能终端为支撑的产品体系。

专栏5-1　电子信息产业产品升级重点

集成电路

提升芯片设计供给能力，加快发展模拟及数模混合集成电路，突出大尺寸、窄线宽晶圆制造环节，积极与集成电路领域的国内外龙头企业合作，共同建设IDM模式为主的存储芯片生产线，推动WLP（晶圆级芯片封装）、CSP（芯片尺寸封装）和MCP（多芯片封装）等先进封装工艺加快发展，形成与设计、制造相适应的封测能力，加快发展PCB（印刷电路板）、靶材、衬底片、电子级化学品等原材料，逐步完善集成电路产业链。

新型显示

加快建设AMOLED（有源矩阵有机发光二极体）面板线，加速释放现有TFT-LCD（薄膜晶体管液晶显示器）产线产能，积极引进第10.5代及以上TFT-LCD产线。加快推动现有面板企业向下游一体化发展显示模组、显示器及电视机等产品，着力引进高端液晶、掩膜板、光学膜等上游光学材料研发生产企业，培育基板玻璃及光学材料本地供给能力，与面板生产能力相适应。

智能传感器

重点发展车用毫米波雷达、激光雷达和位置传感器等产品，智能终端用指纹识别传感器、重力感应传感器和惯性传感器等产品，工业机器人用碰撞传感器、力矩传感器和二维/三维视觉传感器等产品，积极引进和培育陶瓷、有机敏感材料研发生产企业，构建特种材料配套体系，适应传感器及仪器仪表发展需要。

智能终端

抓好现有手机、笔记本电脑、可穿戴设备等领域品牌订单争取、整机品牌引进，着力导入 5G（第五代移动通信）技术产品、家用智能控制终端、VR（虚拟现实）/AR（增强现实）/MR（融合现实）眼镜及头盔等高附加值新品。

信息安全

围绕电子产品、数据存储、网络通信等领域的信息安全需求，推动建设网络安全研发生产基地，积极发展电子取证、嵌入式安全部件、商用密码技术、量子通信保密设备等信息安全硬件产品和系统。

4. 功能升级模式

重庆电子产业由于多处于生产环节，加上代工生产比例大、本地自主品牌缺乏，产业附加值没有实现很好的攀升，迫切需要通过对产业链环节延伸实现产业链重组，增强产业发展新动能。为此，应重点改变目前重庆电子产业的 OEM 生产模式，加快向研发、营销服务等“微笑曲线”两端延伸，着力自主研发生产一批新型产品，形成自主品牌和产品体系，在全球市场上占据有利地位。

专栏 5-2 产业链升级阶段划分

第一阶段：补链。针对缺失的生产制造环节进行补充完善。此阶段更多的是拿来主义，直接引进，不考虑技术先进性和是否掌握关键核心技术，重点是使本地生产制造配套能力进一步增强。

第二阶段：延链。对现有相对完善的生产制造环节向前后两端进行延伸。此阶段重点是延伸到前端研发设计、后端品牌服务和售后服务，也就是常说的向“微笑曲线”两端延伸。

第三阶段：强链。在生产制造及前后端都有一定基础的情况下进一步强化价值链的掌控能力。此时，需要针对关键环节进行强化，如对核心关键零部件、自主可控研发环节进行“卡脖子”工程突破，提升链条核心竞争力。

（二）汽车产业重点突出产品升级和链条升级模式

1. 汽车产品价值链构成

根据价值链理论，汽车产品完善的价值概念可分为三个层次：第一层次是汽车的核心产品，它是实体产品所承载的内核，回答顾客真正购买的是什么；第二层次是汽车的有形产品层，指具有质量水平特点、式样、品牌、商标及包装的物品；第三层次是汽车的附加产品，由企业出售有形产品及提供附加服务构成。在这个概念中，汽车产品已经不仅仅是一般意义上的汽车实体本身，它的三个层次涉及第二、第三产业的众多经济实体。这三个层次将汽车产品的生产者、销售者和消费者联系起来，形成一个完整的价值链。在汽车产品的这三个价值层次中，由于随着世界汽车产业的专业化分工越来越细，大量的汽车零部件企业纷纷从整车企业中独立出来，零部件制造在汽车产品价值链中的地位不断提升，使汽车产品第二层次的制造环节分化成了零部件制造生产和整车组装生产两个环节（见图 5-4）。

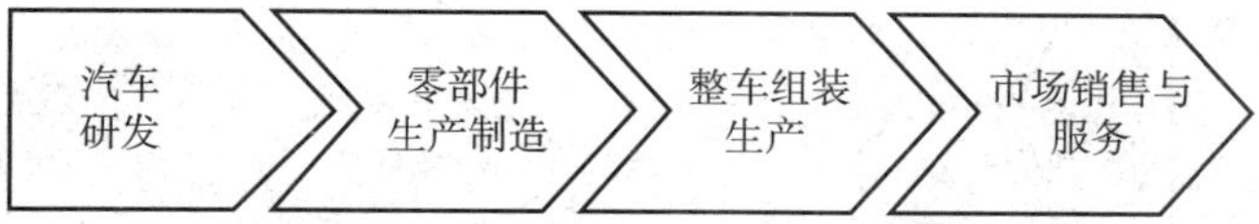

图 5-4 汽车产品价值链

2. 汽车产品价值链分工特点（见图 5-5）

第一，研发环节仍是汽车产品价值链的“战略环节”。世界各大汽车公司通过不断加大对研究开发的投入力度，增强自身的技术创新能力，围绕安全、环保、节能等重点领域，采用新能源、新材料、新工艺开发研制新车型，占领技术制高点，提高对关键核心技术的垄断程度，以获取高额利润。第二，零部件制造在汽车产品价值链中的地位不断增强。随着世界汽车产业的专业化分工越来越细，汽车零部件行业正在成为各汽车厂商争相发展的利润重心。大量的汽车零部件企业纷纷从整车企业中独立出来，极大地改变着原有汽车产业的垂直一体化分工协作模式。第三，汽车产品价值链分工体系具有明显的层次性结构特点，其中品牌制造商在整个价值链分工中处于核心地位，并通过合同、分销、品牌等手段对整个价值链进行控制。第四，售后服务环节在汽车产品价值链的地位日益上升。当前，许多汽车制造巨头的经营盈利不是来自汽车制造，而是依靠相关汽车服务来创造。据统计，在发展成熟的国际市场上，汽车服务要占到全部利润的 50%~60%。以服务为主导的方式也是现代汽车企业的主要盈利模式之一。第五，汽车价值链分工范围对距离相对比较敏感。汽车产业链中大宗零件和子部件的运输成本较高，因此，价值链通常安排在距离相近的区域之间，这将有助于减少运输成本。

重庆汽车产业起步较早，发展基础较好，“1+10+1000”的汽车整车加零部件产业集群发展相对成熟，但仍处于全球价值链低端。一方面，汽车整车附加值不高。目前，重庆 10 余家整车企业生产的产品以中低端车型为主，经济型产品占比高达 90%，单车价值仅超过 10 万元，而中高端乘用车生产仅处于起步阶段，专用车等发展规模有待提升。另一方面，本地配套附加值偏低。全市上千家汽车零部件企业生产的产品主要集中在车身、内外饰、底盘等附

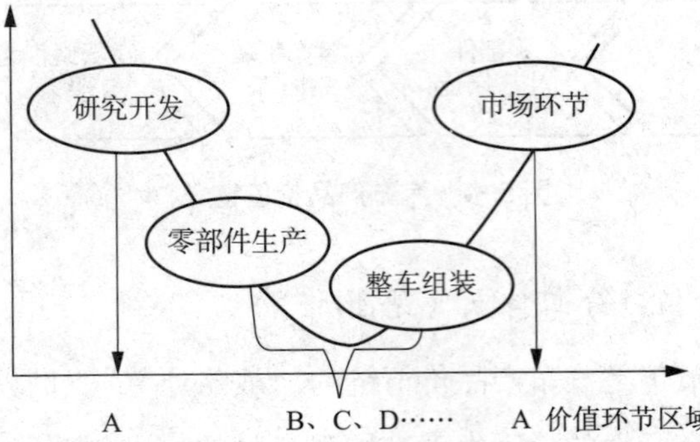

图 5-5　汽车产品价值链分工情况

加值较低领域，而在自动变速器、汽车电子、控制系统等高附加值领域偏少，汽车芯片等大多关键核心零部件需要依靠外购进行配套。同时，全市新能源汽车和智能网联汽车发展不充分。电动汽车“大小三电”仍是短板，氢燃料电池汽车也处于起步阶段，全市新能源汽车应用推广力度还需加大。结合产业发展趋势和现有基础，重庆汽车产业重点应在产品升级和链条升级方面进一步强链，提升 GVC 地位。

3. *产品升级模式*

随着我国提出 2030 年碳达峰、2060 年碳中和目标，传统燃油汽车面临转型升级，需要大力发展新能源汽车和智能网联汽车。为此，要按照国家碳达峰、碳中和目标要求，重点发展新能源汽车和智能网联汽车，加快完善新能源汽车动力电池、电驱动系统、电控系统、电空调、电转向、电制动、氢燃料电池等环节，补齐智能网联汽车的智能感知元件、自动驾驶系统、网联终端等领域短板，增强核心配套能力。

专栏 5-3　汽车产业产品升级重点

汽车整车

重点发展单车价值 10 万元及以上的中高档轿车，MPV（多用途汽车）和 SUV（多功能运动车）等乘用车，大马力牵引车、工程车、城市物流车等商用车细分领域，纯电动汽车、增程式纯电动汽车等中高端新能源汽车产品，提高整车产品网联终端系统和辅助驾驶系统的装车比例，不断提升整车产品的智能网联水平。

新能源及智能网联汽车核心零部件

大力发展动力电池单体及电池系统、驱动电机及控制器、整车控制系统以及电制动、电转向、电空调等新能源及智能网联汽车“大小三电”，同步发展动力电池的正负极材料、隔膜和电解液，电机控制器用 IGBT（绝缘栅双极型晶体管）功率板块，整车控制系统用 CAN（控制器局域网络）总线等关联产品，积极布局燃料电池电堆及系统、空压机、氢气循环泵等燃料电池汽车的核心零部件，不断提升新能源及智能网联汽车的本地配套能力。

汽车电子

加快研发突破汽车电子芯片、毫米波雷达、激光雷达、车载视觉和智能底盘等汽车电子关键基础技术，积极储备智能车身控制系统、车载以太网络、通信模块等为主导的前沿领域技术，加快升级现有灯光控制器、尾门控制器、车窗控制器等产品，积极引进培育汽车娱乐系统、汽车虚拟仪表及其他信息显示模块，研发生产下一代智能驾驶座舱信息系统等产品，构建完善的网联终端系统、辅助驾驶系统的本地配套体系。

4. 链条升级模式

现代信息技术给汽车产业带来了新的应用场景，要进一步推广智能网联技术在乘用车、专用车、商用车及智能路网基础设施等领域的应用，推动汽车产业实现整体迭代升级。重点是将人工智能、无人驾驶等技术应用于汽车产业，提升高端车型智能化水平和前装比例，鼓励中端车型更多地使用智能化设备并逐步提高智能汽车生产比例；加快提升整车智能化、网联化技术水平，鼓励企业开展 L3 级别以上的智能汽车研发；引导公交、物流、医疗、景区用车、环卫等商用车、专用车安装驾驶辅助系统，大力推进 5G 网络、IPv6 规模化部署和智能路网基础设施建设，形成良好的智能化汽车产业发展生态。

（三）摩托车产业也应重点突出产品升级和链条升级模式

重庆摩托车产业经历了20世纪八九十年代到21世纪初红极一时，以及最近十余年低迷发展的阶段，产业发展基础总体相对成熟。但在当前国内摩托车消费向电动化、大排量、踏板车等方向转型的背景下，全市摩托车产品生产未能及时调整，整个产业仍处于全球价值链低端。一方面，全市摩托车产品多为低附加值产品。总体来看，全市摩托车产品结构较为单一，且脱离市场需求变化，目前多为小排量跨骑车和弯梁车，且档次不高、可靠性差、耐久性低，大多数产品出口到东南亚，单车出口价值低（600~700美元/辆），盈利能力低。另一方面，摩托车核心技术掌握不够。重庆摩托车虽然发展了几十年，但由于研发能力不足，与新兴技术融合发展不够，核心零部件仍然不能实现本地配套。如电喷系统等核心零部件仍然依靠进口和沿海采购，价值链亟待提升。结合重庆摩托车产业发展条件，重点应在产品升级和链条升级方面进一步强链，提升GVC地位。

1. 产品升级模式

由于停放方便、道路资源占用少、能耗低、购置成本低、娱乐性强等特点，全球摩托车产业仍有较大市场空间。但随着人们生活水平的提高和全球更加重视应对气候变化，摩托车逐步向电动、大排量、踏板等摩托车车型转型升级，也更加注重休闲娱乐化发展。为此，重庆应紧跟摩托车发展趋势，重点推出电动摩托、踏板摩托车、大排量摩托车等新型摩托车，鼓励本地整车企业通过改造现有生产线，扩大踏板车和电动摩托车产量，从而带动本地配套体系的形成。

专栏5-4　摩托车产品升级重点

电动摩托车和踏板车

鼓励本地整车企业通过改造现有生产线，扩大踏板车和电动摩托车产量，从而带动本地配套体系的形成。突出增程式电动摩托车。积极开展新能源摩托车标准研制和产品研发，重点鼓励企业研发生产电动摩托车的电机、电池及电控等三电系统，踏板车的卧式发动机、高品质覆盖件、车辆电子控制系统，引进优势零部件企业，打造电动摩托车和踏板车产业集群。

特色摩托车

加快开发生产 250cc 排量及以上的巡航车、越野车及赛车等中高档摩托车产品。加大开发生产雪地车、滑板车、代步轮等非道路用摩托车。

通机

鼓励本地通机企业研发和生产垂直轴汽油机、汽车增程系统、大排量单缸汽油机、小型柴油机、高效低排放汽油机、低噪声发电机等，突破变频发电机和中大排量发动机技术，突出发展增程式燃油机，引导通机向小型可移动发电机组市场拓展。鼓励企业及早布局通机电喷系统的研发和生产，壮大电控系统供应商。

2. 链条升级模式

随着 5G 网络的普及，未来人工智能、智能网联等技术将应用到各行各业，摩托车产品也应作为重点，加快新技术应用，实现产品迭代升级。重点是将人工智能等技术应用于摩托车产业，在节能减排、智能网联、新能源等领域，深化与本地汽车企业的技术、供应链合作共享，积极推动新能源摩托车的标准研制，并加快相关产品研发，不断提升摩托车辅助驾驶系统的装车比例。

（四）消费品产业重点突出工艺流程升级和产品升级模式

重庆消费品整体规模相对较大，工业产值超过 3000 亿元，门类较为齐全，已形成 15 个主要消费品产业，造纸、塑料、皮革制品、家具、照明器具、印刷等 6 个产业突破百亿元。但整体来看，消费品产业仍处于全球价值链低端。一方面，产业小散弱。全市消费品行业门类多，但规模都不大，布局也不够集中，产业龙头企业少，缺乏在国内外消费品市场较大影响力的企业，产业集群链条不完善，集群化发展水平较低。另一方面，产业附加值不高。全市消费品企业研发能力弱，研发投入强度低于全市平均水平，行业产品结构仍是以传统的中低端为主，低附加值的消费品工业占比较大，高附加值的消费品行业及企业较少，品牌市场影响力较弱，竞争力有待提升。结合居民对消费品的个性需求以及对绿色健康产品的需求，重点在工艺流程升级和产品升级两方面进行突破，进一步强链，提升 GVC 地位。

1. 工艺流程升级模式

未来，消费品将更加注重健康、安全、绿色和智能化，重庆市消费品产业也必须紧跟这一趋势，在生产工艺流程上加快升级，重点采用绿色生产加快培育健康食品、特色轻纺两大千亿级产业集群。健康食品方面，应推动酒类、精制茶、榨菜、调味品等行业加快实现绿色加工，从食品原材料种植采摘等环节入手实现绿色溯源等技术，在生产环节采用绿色工艺，最大限度地对接国际先进标准，减少相关不健康添加剂等元素的使用，实现绿色认证。特色轻纺方面，应加快推动服装、日用化妆品、五金制品、纸制品、家具、照明、眼镜等领域顺应绿色消费升级趋势，从原材料处理等着手，最大限度地减少对环境的污染，生产制造环节采用低碳循环工艺路线，做到绿色生产。

2. 产品升级模式

消费品正加快向多层次、个性化、人性化方向发展，目前重庆消费品产品特色不突出，应紧跟发展趋势，加快推动产品升级，实现全球价值链攀升。要把握消费者对智能家居等智能化产品的需求，积极推出个性化产品。在健康食品方面，重点要提升各色调味品等巴渝特色产品影响力，要实行精品化包装升级，推出精致特色产品，并且结合重庆特色，推出特色调味品，走向国际市场。特色轻纺方面，要充分运用大数据智能化技术，研发智能识别技术，增加智能安防等智能家居产品的研发制造，加快引进培育品牌化妆品等技术含量及附加值较高、市场潜力大的新兴消费类拳头产品，增强产品的国际市场竞争力。

专栏 5-5　消费品产业产品升级重点

健康食品

巩固提升特色调味品、白酒、优质农副产品等食品制造业，提高产品品质和附加值，开发肉禽制品、粮油制品、饮品领域新产品。壮大火锅食品、快餐食品等特色食品产业，积极发展小曲清香型白酒，做大做强富硒食品、奶制品等功能性食品产业，推动果酒、果汁饮料产业做大做强。

特色轻纺

重点发展瓷砖、洁具、橱柜、浴室柜等生活用及装饰用高档陶瓷产品，推动艺术陶瓷、礼品陶瓷等精品化发展；加快个性化高品质家具产品的研发、生产，重点发展桌、椅、床、沙发、橱柜等木质家具、竹藤家具、铝合金家具、铁制家具，提升家用家具、办公家具的专业化设计水平；积极引进培育文教体育艺术用品、智能家居产品及日用化妆品企业，完善钟表、眼镜产业链条。按照“品牌全球化、产品定制化”的发展方向，融入巴渝时尚文化创意元素，重点发展都市时尚女装、商务男装、羽绒、丝绸产品和童装系列产品，支持服装企业开展网上个人服装定制化生产服务。

（五）生物医药产业重点突出工艺流程升级和产品升级模式

从新药物的发现到最终服务与品牌运作的整条生物医药产业全球价值链见图 5-6。

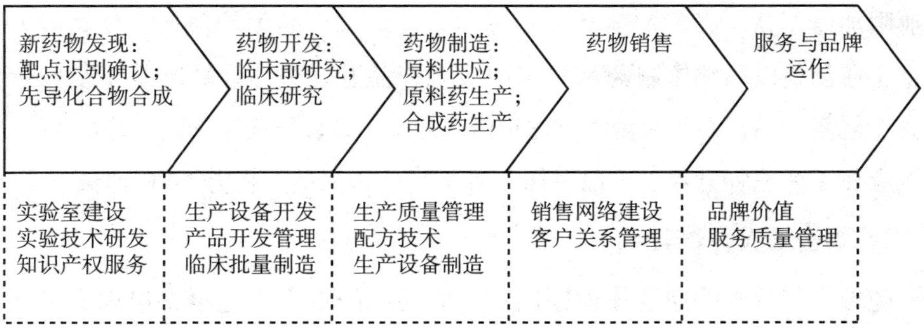

图 5-6　生物医药产业价值链

1. 生物医药产业价值链分工模式

如图 5-7 所示，欧美主要生物医药产业集群位于全球价值链的两端，享有高附加值。而长期以来，我国的生物医药产业集群主要从事的是原材料的供应（主要是中草药的种植及供应）、原料药和合成药的生产，即只是从事附加值较低的全球价值链的生产制造环节，造成我国在国际分工日益深化的情况下出现了所谓的“低端锁定”效应，这也和我国生物技术研发与发达国家存在差距的现实情况息息相关。

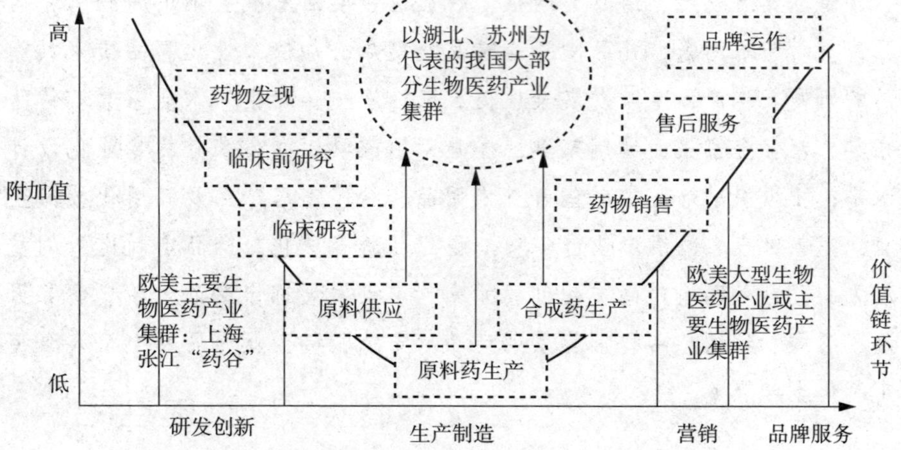

图 5-7　全球生物医药产业价值链分工特点

重庆生物医药产业能级总体不高，目前仅有 600 多亿元，且企业规模普遍偏小；产业链条不完善，中试及后续产品转化能力弱，产业配套能力较差；产业附加值不高，高附加值环节发展滞后，终端产品附加值低；创新能力不够，企业创新以高端仿制药和独家中成药产品开发为主，缺乏基于临床价值的真正创新产品；总体看处于全球价值链低端。结合重庆生物医药的产业基础，重点应在工艺流程升级、产品升级等方面进一步强链，提升 GVC 地位。

1. 工艺流程升级模式

随着人们日益关注身体健康问题，对药物的生产工艺也将追求更加绿色化、智能化。因此，重庆应重点在生产药物的工艺方式进行创新，运用新的工艺推出新的产品，如生物制药要强化生物医药产业技术研发与转化功能型平台，搭建 CMC、CRO、CMO 等一批研发和转化公共平台，通过平台建设加快产品导入。加快在研新型疫苗、抗体药物、多肽药物产业化进程，实现重庆市生物制药零突破。化学药要推进产业平台大力引入智能制造、环保工艺、柔性化生产技术体系，打通上下游产业链条，推动化学药物强化品种持牌，实现原料药加制剂一体化。

2. *产品创新模式*

生物医药产业将逐步从满足基本医疗保障需求到更加注重人们个性化医疗服务需求，产品需求也将更加多层次化、个性化。重点要抓住人们对高品质生活需求日益提升、对健康产品需求快速增加的趋势，推出高端医疗器械、创新药物等医药健康产品，如医疗器械突出发展高值耗材、IVD 等重点领域和产品，现代中药突出中药大品种二次开发和培育。

专栏 5-6　生物医药产品升级重点

创新药物

重点发展血液制品、抗体药物、重组蛋白药物、新型疫苗、基因治疗药物、生物小分子药等生物技术药，做大特色化学原料药、辅料、改良型新药及高附加值仿制药，建成西部重要生物技术药产业基地，创建国家级特色原料药基地。

医疗器械

推动医疗装备及设备创新，发展医疗机器人、高端医学影像、智能医疗器械、医用生物材料及植（介）入产品等高端医疗器械，建成以创新产品孵化为特色的医疗器械及耗材产业基地。

中药

提升黄连、山银花、川党参、枳壳、独活、木香等渝产道地药材产业优势，打造从种植、饮片到中成药的中医药全产业链。

（六）装备制造产业重点突出工艺流程升级和产品升级模式

重庆作为老工业基地，装备制造起步较早，经过多年的发展，拥有多个特色行业门类，产业基础较好，但仍处于全球价值链低端。一方面，装备制造高端新兴行业占比不高。全市装备制造业中传统机械行业规模占比达到70%，而轨道装备、环保装备、智能装备等高端装备规模小、占比低，产品竞争力总体较弱。另一方面，装备制造核心零部件还比较缺乏。目前，全市装备制造供应链整体水平不高，大多关键零部件依靠进口或外地采购，特别是数控系统、轴承、传感器等来自海外，关键核心技术掌控不够，产业链供应链安全亟须重视。为此，必须要加快装备制造业向价值链中高端攀升，才能在 GVC 中占据有利地位。结合全市装备制造业的基础条件，升级模式重点在工艺流程升级和产品升级，进一步强链，提升 GVC 地位。

1. 工艺流程升级模式

重庆装备制造业目前面临的最大问题是核心关键技术、核心零部件制造等瓶颈制约突出，导致产业整体向高端延伸和转型升级难度大。为此，重庆装备制造业要把工艺流程升级作为主攻方向，重点是对生产制造过程的工艺进行提升，要加快突破“卡脖子”技术，促进关键核心零部件的研发生产制造，积极引进培育系统集成龙头企业，提升系统集成能力。

2. 产品升级模式

目前，装备制造业正在加快向系统集成、绿色智能等方向发展，未来高端装备将主导整个市场。为此，全市装备制造业要重点结合市场对高端装备的需求，推动现有装备产品向成套化、智能化和系统化转型升级，培育轨道交通装备（各种制式的轨道装备）、智能制造装备（服务机器人等）、节能环保装备、能源装备、航空航天装备等整机产品，打造优势特色装备制造产业集群。

专栏 5-7 装备制造各行业产品升级重点

智能制造装备

重点突破高精密减速器、高性能控制器、高精度传感器等工业机器人核心零部件，突出发展大型精密复合冲压成型机床、超精密磨削、特种加工、高档数控机床和数控系统性能试验中心等，加快智慧城轨产业发展，补齐通信信号、综合监控、供电系统等关键产业链，力争在 3D 打印设备制造及应用领域取得突破。

轨道交通装备

强化“走出去”，按照“建设+产品”方式，大力开拓市外市场，加速释放现有产品产能，加快开发投放新品。着力完善制动系统、牵引传动系统、转向架、车辆门系、空调、通信信息、内装、站台设备等轨道交通核心零部件的本地配套体系。

航空航天装备

加快形成涵盖中、小、轻型直升机和中、小、轻型固定翼飞机的产品谱系和自主研发能力，逐步完善航空发动机、航电系统、机身材料、通用航空器零部件的研发制造配套能力。加快发展无人机，大力培育低成本商业运载火箭企业。

能源装备

加快开发 10MW 及以上海洋风电机组、生物质垃圾沼气发电热电联产成套装备、贯流式水轮机和分布式能源装备等产品，突破光伏发电装备、燃气轮机等领域技术，积极发展特高压输变电成套设备、GIS（气体绝缘金属封闭开关设备）等特高压和智慧电网相关装备产品，加快引进勘探、钻井、完井、压裂和站场集输等环节成套装备。

节能环保装备

重点推动节能装备（产品）制造、环保装备（产品）制造、资源综合（循环）利用等关键技术突破，进一步巩固工业废水处理、垃圾高效清洁焚烧发电、烟气脱硫脱硝、机动车尾气处理和垃圾储运等现有技术装备产品的优势地位，增强总集成总承包能力及系统解决方案提供能力。

（七）材料产业重点突出工艺流程升级和产品升级模式

重庆材料产业规模较大，具有较好的发展基础，但是产业附加值总体不高。一方面，产品层次整体不高。全市部分材料产业在原材料方面对外依赖程度较大，且生产出来的产品多为中间成品，加上本地配套不足，产业链未能有效延伸，产业附加值未能进一步提高。另一方面，产业创新能力需要进一步提升。目前，全市在先进轻量化材料等方面虽有所突破，但在技术创新、产业规模等方面还有很大差距，产能不能满足轨道交通、航空航天、电子产品升级等的需求，对本地产业的支撑不够。为此，应重点围绕为全市及周边地区相关产业提供原材料，加快推动材料产业的工艺流程升级和产品升级，实现延链到强链，提升 GVC 地位。

1. 工艺流程升级模式

全球材料产业正围绕绿色可持续发展，加快向绿色低碳化方向发展，材料产业将更加注重生产过程的绿色化，与环境的兼容性也日趋增强，实现对环境影响最小化。为此，重庆材料产业应重点围绕国内外可持续发展要求，加强产品工艺的研发创新，加快提升材料产业的生产制造工艺路线，多用绿色低碳循环化技术改造现有生产线，强化产品回收利用技术研发，提高产品适应绿色发展需求。

2. 产品升级模式

全球新材料正向着多样化、功能集成、结构微型、模块集成、数字智能等方向并行发展。为此，重庆也应把新材料领域的产品升级作为材料产业向全球价值链攀升的主攻方向，重点瞄准合金材料、复合材料、功能性材料等领域进行产品创新，推动铝镁钛等轻合金精深加工、高性能纤维复合材料、节能环保材料等领域向产业链发展空白及下游延伸补短板，加强补链成群，生产适合未来发展需求的产品体系。

专栏 5-8 材料产业产品升级重点

先进轻合金材料

重点发展交通及航空航天用铝、新能源汽车用铝、电子信息用铝、包装用铝、建筑装饰用铝、全铝家具等产品，推动产业链向终端产品延伸。推动镁基材料加快工程化、商业化应用步伐，扩大电子信息、汽车、电动工具等领域应用的大截面型材、板带材、压铸件，扩大生产规模和应用范围。依托航空钛合金项目，延伸发展钛合金棒、线、板材，积极培育钛材料应用企业，推动钛合金材料向航空、船舶、生物医疗、交通装备等领域延伸，打造钛合金加工产业链。

玻纤及复合材料

依托玻璃纤维生产能力和技术储备，加快发展基于玻璃纤维的轻量化复合材料、电子复合材料、节能环保复合材料，引进复合材料终端产品生产企业，打造复合材料产业链。引进金属基复合材料、碳纤维复合材料等高性能纤维复合材料，丰富复合材料品种。

气凝胶新材料

通过引进产业链上企业配套等方式向上下游延伸产业链，推动气凝胶在冷链运输、新能源电池、建筑建材、纺织服装、军民融合产业等领域的推广应用，打造集研发、生产、上下游供应链为一体的气凝胶新材料生产基地。

三、多措并举加快构筑和完善支撑体系

从提升全球价值链动力分析，规制者驱动将是在复杂严峻的国际环境下一种重要的驱动力量，其驱动力将发挥越来越重要的作用，要充分认识这一趋势并发挥这一重要力量，提升重庆制造业全球价值链地位，加快构筑和完善以人才、政策和营商环境等为核心的支撑体系，不断提升重庆制造业融入 GVC 的软实力支撑。

（一）增强人才集聚能力

人才是推动产业发展和产业创新的关键。全球化发展背景下，人才的重要作用越发凸显，在技术迭代更新、市场开拓、要素保障等领域发挥着核心作用。提升重庆制造业 GVC 地位，必须把人才作为经济发展、产业兴旺的主导力量，以产业吸引人才、以人才振兴产业，用好各类人才，尤其是懂技术、善管理、具有国际视野的复合型人才，夯实人才对制造业融入 GVC 的支撑基础。

一是深入实施重点人才工程，加快集聚高层次实用型创新创业人才。围绕智能产业、新能源和智能网联汽车、生物医药、新材料、高端装备等优势特色产业，整合政府科技资金，扩容人才专项资金，对顶尖人才项目加大投资力度。对产业领军人才、企业博士后人才、创新团队和高级管理人才、入选创新科研团队和领军人才、引进计划的人才，在专项工作经费和住房补贴等方面给予优先支持。加快推进“英才计划”，着力打造重点领域、重点产业、重点行业的研发创新人才、高技能人才、营销人才、售后服务人才、品牌服务人才、管理创新人才等高层次人才队伍。

二是拓宽招才引智渠道，有效提升人才集聚的规模层次。以高校和科研院所等人才培养集聚的机构为依托，按行业谋划设立海外招才引智联络站，以此为纽带，加快建设和培育市级平台，努力实现重大项目带人才、关键人才带项目。以环境引人才，建立以领军型技术人才和复合型高端人才为引领、以企业适用型中高级创新人才为支撑、以创客和领办小微企业的初级人才为基础的人才队伍，形成支撑创新发展的结构合理、梯次明晰的人才体系。制定符合重庆实际的普惠性创新创业政策，吸引在渝大学生留渝创业，其他城市大学生来渝创新。

三是优化人才发展环境，壮大培育紧缺型人才。以高层次、急需紧缺的专业技术人才、创新型人才、高层管理人才等为重点，加快推动专业技术人才知识更新，培养造就一大批符合重庆先进制造发展需要的卓越工程师。建立健全院士博士工作站制度，促进产学研合作，加快科技成果转化，带动重点领域的科技突破。统筹产业发展和人力资源培养开发规划，加强产业科技人力资源的需求预测分析，完善高校学科专业动态调整机制，增设支柱产业、战略性新兴制造业和服务业发展急需的专业，创建一批紧密对接产业链、创新链的“一流学科”。深化研究生教育综合改革，扩大科学、技术、工程等专业学位研究生招生比例。引导本地普通高校和职业技术学院向应用技术类高等学校转型，围绕融入 GVC 调整优化学科专业设置，联合应用企业打造一批实训基地，广泛开展现代学徒制试点，加快打造一支懂技术、善管理的技术技能型人才队伍。

专栏 5-9 部分地区吸引集聚产业人才做法

深圳市

坚持服务人才就是服务发展的理念，根据产业高端人才的特点和需要，将优化人才服务作为关键，加大对产业高端人才的发展支持力度，通过建立和完善战略性新兴产业人才的创新驱动保障机制，促进战略性新兴产业发展和高层次人才创新的深度融合，努力形成以一流环境吸引一流人才，以一流人才造就一流环境的发展态势。一是着重引进具有国际水平的产业人才。先行探索海外引进人才政府购买服务的模式，通过推动全市各类研究院所、各类企业和社会组织在海外资源的整合，建设了一批海外人才服务平台。引进和培养具有国际水平、全球视野的科技人才。推动各类政策的横向、纵向融会贯通。二是完善新业态人才管理机制。注重人才政策与产业政策的联动，探索开展新就业形态就业登记，规范新就业形态劳动者与企业之间法律关系，加强对吸纳新就业形态人员量较大用工平台的监测和服务，探索建立适应新就业形态的用工报告以及用人单位与从业人员权益保障机制。三是加强职业技能培训。推行终身职业技能培训，加强对在深异地务工人员的职业技能培训，以及对有创业意愿的异地务工人员的创业指导和创业技能培训等。创新培训内容和方式，拓宽就业创业渠道，引导人才到以“互联网+”为代表的新产业、新业态就业创业。四是培育创新型企业家集群。通过实施创新型企业家培育和回流计划，建立有利于企业家参与决策、整合资源的发展新机制，依法保障企业家的财产权和创新收益。五是大力发展产业新型人才载体。以公助民办模式先后设立了华大基因研究院、光启研究院等新型研发创新机构，培育了一批以市场为导向、研发与产业化一体推进的特色源头创新平台，创造了创新成果和人才集聚的“深圳速度”。

杭州市

把打造产业人才发展高地、厚植战略资源摆在重要位置，深入实施创新驱动发展战略和人才强市战略，连续推出“人才新政27条”和“人才若干意见22条”等重大人才政策，努力为产业人才发展营造良好环境。一是实施信息经济人才集聚工程。实施信息经济智慧应用“一号工程”，引进培育一批大数据、云计算、物联网、移动互联网等领域的高层次人才。加强信息（智慧）产业人才的预测预警和开发引导工作，鼓励在杭高校开设信息经济专业课程。二是积极扶持文化创意产业人才队伍建设。实施“杭州青年文艺家发现计划”“文创企业家孵化工程培训班”等一批重点项目，组织文创人才申报杭州市全球引才“521”计划，积极培育本土优秀文创人才。依托中国美术学院、浙江音乐学院、杭州师范大学文创学院等高校及杭州文化创意产业研究中心等专业机构，打造国内一流的文创产业研究队伍，构建杭州文化创意产业智库。三是进一步完善高层次人才住房保障制度。根据房屋租赁市场价格变化情况，适时调整不同层次人才住房租赁补贴标准，全面推行人才公租房货币化补贴模式。允许符合杭州产业发展导向且急需紧缺的高层次人才不落户申请购房或租赁补贴。四是健全创新创业人才服务体系。试点建设国际人才创业创新园，专门成立了推进国际人才创业创新园工作领导小组，从建园资助、创业扶持、鼓励转化、人才支持、税收优惠、引才奖励等多方面加大扶持力度。五是深入积极整合高校、企业、社会团体、企业协会等各方资源，瞄准新兴产业人才缺口，大力开展“新技术、新工艺、新材料、新设备”等高技能人才的素质提升培训。

（二）强化精准政策扶持

围绕促进重庆制造业价值链拓展升级和做大做强产业集群目标，应加快制定完善金融政策、财税政策、创新创业政策，强化政策的精准性、普适性和可操作性，不断优化服务重庆制造提升 GVC 地位的政策环境。

一是创新金融支持。围绕拓宽渠道、降低成本，进一步深化金融领域的关键环节改革。充分释放政策性金融、开发性金融和商业金融优势，加大对制造业重点领域和关键环节支持力度，创新金融产品和服务。综合运用种子基金、创业投资基金、风险投资基金、产业发展基金等，全过程强化对“微笑曲线”两端的支持力度。鼓励各类金融机构实施绿色金融政策、调整信贷结构、充实信贷产品、完善信贷服务，加大对符合环保和信贷要求重点项目的支持力度。规范发展具有区域性服务功能的股权市场，支持企业通过在境内外上市实现融资和发债。积极推进知识产权质押融资、产业链融资等金融创新产品。鼓励符合条件和具有发展潜力、代表发展方向的产业贷款和租赁资产开展证券化试点。积极引导创业类投资等支持中小微企业发展。探索开发适合制造业高质量发展的金融保险产品和服务，积极发展信用保险业务。妥善化解金融风险，降低企业负债率。

二是完善财税支持。充分发挥财政资金政策引导作用，鼓励社会资本采用 PPP 模式，参与制造业重大项目建设、企业技改项目。支持发展产业投资基金，不断丰富和提高财政资金利用率。落实各类创新政府采购政策支持。扩大资助范围，将模式创新、业态创新等纳入产业扶持政策适用范围。

三是打造双创升级版。充分发挥市场在资源配置中的作用，大力引导各双创基地资源进行整合，横向打通区域类、高校院所类和企业类基地之间等体制及行业屏障，纵向打通行政管辖与地理区划屏障，形成各类双创基地“合纵连横”的资源共享、成果共享、互联互通新局面，促进双创资源要素在更高层次的融合创新，切实打造双创升级版。深入实施知名创业孵化平台引进专项行动，围绕重点区域和领域积极引进培育国内外知名孵化平台，进一步发挥示范带头作用，提升孵化服务质量和水平。统一认定授牌全市众创空间，引导建设一批具有示范带动作用的品牌众创空间，为创新创业主体提供专业化的特色服务和定制化的增值服务。充分发挥重庆市创新创业工作联席会议的统筹协调作用，优化整合各部门创新创业项目资金、各类创新创业载体、活动等政策和资源，进行整体“包装”，创建全市统一“双创”活动品牌。整合政务、工商、税务、社保、孵化、金融等各类创新创业扶持政策和资源，推出线上一站式创新服务大厅，畅通创业人员、企业和高校获取信息和政策的渠道，打造更好的创新创业生态。

（三）着力营造一流营商环境

营商环境是以市场主体在市场活动中涉及的体制机制性因素和条件为核心的综合体。营造一流营商环境，是解放生产力、提高综合竞争力的核心举措，也是建设现代化经济体系、促进高质量发展的重要基础和政府提高公共服务效能的重要内容。推动重庆制造业融入 GVC，必须充分发挥市场的决定性作用和政府引导作用，以制度创新为核心、政府流程再造为抓手、增强企业获得感为标准，深刻转变政府职能，进一步激发微观主体活力，着力营造一流营商环境。

一是优化法治环境。切实加强产权保护，严格规范涉案财产处置的法律程序。切实保护企业和企业家合法财产不受侵犯，合法经营不受干扰。加强法律顾问队伍建设，全力保障小微企业、个体工商户等法律服务需求。

二是优化政务环境。深化“放管服”改革，完善综合审批体制机制改革，最大限度简化行政审批。建立“一次办结”目录，形成覆盖审批、征收和裁决等多领域、全过程“一次办结”机制。实行首问负责、容缺受理、限时办结等优化机制，提升行政审批效率和公共服务质量。

三是营造公平竞争的市场秩序。对于不利于统一市场建设和违反公平竞争原则的措施，要加快清理和废止。同时，要进一步完善政策储备体系，夯实市场体系优化政策工具箱。按照市场准入负面清单制度，进一步放宽和规范市场准入。以深化管理体制改革为契机，加快推动建立利益疏导机制。制定和实施行之有效的降低实体经济企业运行成本行动。建立产业信息披露平台，及时发布产业发展重大信息，为市场主体提供产业发展指南。加大对企业家合法权益的保护，构建“亲”“清”新型政商关系，增强市场主体发展活力。

四是争取国家支持。强化与国家相关部委联系，联动四川，积极争取在重庆创建全国民营经济示范城市，争取国家支持西部地区高新技术企业享受税收叠加优惠，在重庆建设地方征信机构，推动重庆打造长江上游涉外法律服务高地，在重庆建设知识产权保护中心，进一步优化营商环境。

专栏 5-10　西安市优化营商环境的政策要点和成效

一是优化企业开办环境方面。放宽市场准入，推行市场准入负面清单制度。简化企业开办和注销程序，推进“多证合一、一照一码”改革，全面履行“双告知”职责，实施企业登记全程电子化，全面开放市县两级企业名称库。设立创业投资引导基金，建设小微企业创业基地、“创业街区和园区”。二是优化投资建设环境方面。优化投资建设管理流程，对所有行政审批和服务事项，按各个阶段实际要求实行“一口受理、并联审批、限时办结”。重大项目用地实行“点供”的创新性政策，将符合条件的企业员工统一纳入全市公租房保障范围。三是优化区域融资环境方面。扩大市、区县政策性融资担保业务覆盖范围。按照确定的原则，进一步规范融资担保收费标准。对于产业市场前景看好、发展潜力较好的企业给予一定信贷支持，对于具有一定潜力，但短期经营有困难的企业确保信贷不断、资金不断。四是优化企业经营环境方面。规范涉企收费管理，实行清单之外无收费。收费标准取下限。规范涉企中介服务，依法依规对中介服务及收费清单实行动态管理。完善中介机构信用体系和考核评价机制。推进税务信息共享，不断扩大网上办税服务覆盖面。对小微企业所得税优惠实行“以报代备”制度。五是优化政务服务环境方面。推进行政许可目录化管理，做到目录之外无审批。依法依规推动权限下放，加快规范行政审批程序。全面推行“双随机一公开”监管工作，依法推进事中事后监管规范化。

（四）强化川渝共建合作共赢

围绕成渝地区双城经济圈建设，共同谋划重大项目、资金筹集保障、统筹土地供应、吸引人才聚集，全面推动和保障区域内先进制造业加快集群发展。

一是注重项目谋划推动。积极推动重大项目策划与建设，不断形成新的产业增长点，促进成渝地区双城经济圈先进制造业加快集群化发展。强化重大项目储备，聚焦电子信息、高铁、汽车制造、装备制造等重点产业亟待进行的重大项目梳理，加紧谋划储备一批引领性、带动性的重大产业项目，争取国家在成渝地区布局一批高新科技发展与应用的基础设施，不断做深做实项目库、工程包，形成项目滚动推进的良好态势。共同争取国家重大科研基础科目布局成渝地区双城经济圈，引进具有全球影响力的科研机构，推动已经在区域内布局有生产性企业的国内外知名企业设立研发中心、工程研究中心，推动区域内制造业向中高端迈进。以项目招商为着力点，发挥好优势产业、企业的凝聚作用，大力引进与区域内资源禀赋相匹配的产业，特别注重引进智能化、信息化建设项目。协同加强跨区域的重点产业项目调度，把握重要时间节点，强化签约项目跟踪服务，加快在建项目推进建设，及时解决好项目实施中的突出问题，形成抓项目、促发展的良好氛围。

二是提升资金筹集能力。加快集聚各类金融机构，优化区域内融资环境，提升企业资金筹集能力，促进先进制造业加快集聚发展。加快金融机构集聚。共同吸引境内外银行、保险、证券、基金等大型金融机构在成渝地区设立总部、功能性总部、区域性总部等法人或分支机构。吸引各类金融机构、知名风险投资和私募投资机构参与，利于长期投资形成。协同推动地方法人机构总部发展，吸引知名的境内外投资者入股区域内法人金融机构。积极落实拓宽外资金融机构业务范围、放宽金融机构外资持股比例等政策措施，鼓励支持境外投资者依法设立各类金融机构。加快推进金融市场一体化。加强两地金融机构在不良资产领域合作，支持两地金融机构互设分支机构，联合加强产品服务创新，优化在成渝地区双城经济圈的网点布局，建立统一的抵押质押制度，推进成渝地区双城经济圈内存取款、支付清算、异地存储和信用担保等业务同城化，降低跨行政区金融交易成本。鼓励西南证券在四川设立分支机构，探索联合发行成渝地区双城经济圈政府一般债券和专项债券，优化资本要素市场金融配套服务机制。着力构建优化为资本要素交易配套的融资租赁、基金管理、资本管理和运营创新要素等资本创新服务体系，支持成渝两地融资担保、资产评估、金融咨询、保险中介、第三方支付、信用增级等金融服务机构跨区经营和拓展市场，加强与成渝资本要素交易平台的业务合作，促进提升资本要素市场经营和服务效率。

三是着力统筹土地供应。加强成渝地区的沟通与合作，积极调整完善产业用地政策，推动产业用地市场化配置，促进产业转型升级。健全工业用地市场供应体系。探索研究统一的工业用地出让方式、出让年限、价格标准。完善产业用地租赁、弹性年期出让、先租后让、租让结合制度，提升开发区土地节约集约利用水平。开展工业项目“标准地”出让试点，实行土地全生命周期管理，加强建设项目批后监管，构建土地监管共同责任机制，及时淘汰落后产能、僵尸企业，加大闲置土地处置力度，提高土地利用效率，挖掘存量用地潜力。建立统一的土地、产权交易市场。推进双城经济圈内不动产统一登记，推动土地要素市场化配置综合改革，用好跨省补充耕地国家统筹机制，对于跨区域重大基础设施、生态环保等项目所涉及新增建设用地和占补平衡指标，需共同优先保障。共同建立并完善跨区域产权交易市场，推动公共资源交易平台互联共享，建立统一信息发布和披露制度及统一的技术市场。共同探索增加混合产业用地供给。通盘考虑产业集聚发展趋势及新型用地主体（特别是创业型用地主体）多元化的用地需求，创新土地使用方式，推动制造业、服务业用地之间的合理转换，实现产业用地“混合型、复合化”利用。

第六章

对策建议

围绕重庆制造业高质量发展思路及方向，以打通“堵点”、消除“卡点”、攻克“难点”为抓手，加强统筹协调推进，加大政策集成保障，破解体制机制障碍，拓展国内国际市场，借力协会力量共促，增强重庆制造业高质量发展支撑。

第一节　加强统筹推进

充分发挥重庆市制造强市建设领导小组职能作用，统筹制造业发展全局性工作。建立健全制造业高质量发展联席会议制度，定期召开推进会，审议重大规划、重大政策、重大问题和重要工作安排。研究制定制造业高质量发展规划、发展指标体系、年度推进计划、年度考评办法等综合性文件，构建可考核、可量化、动态性的考核评价体系，定期组织第三方机构对产业发展情况开展评估。

第二节　强化政策引导

强化产业政策的支撑带动作用，全面梳理国家和全市现有产业政策、惠企政策，梳理政策清单、明确责任单位、量化执行标准、明晰办理流程，加强执行效果评估，推动各项政策落地、落细、落实，让企业真正从政策中增强获得感。建立重大项目建设、重点产业发展、重点工作推进评价体系。加强产业分析和评估，做好经济运行监测和市场预警工作，及时发布先进制造业发展及投资导向信息，引导企业调整优化产品结构。

第三节　完善体制机制

深化“放管服”改革，按照权利和责任同步下放、调控和监督同步加强的要求，加大简政放权力度，建立以负面清单为主的制造业准入制度，营造宽松便捷的市场准入环境、公平有序的市场竞争环境、安全放心的市场消费环境。强化政府服务，建立市、区（县）二级政府企业服务“直通车”制度，帮助企业协调解决发展中遇到的困难和问题，支持企业加快发展。

第四节 扩大对外合作

抓住“一带一路”倡议、新一轮西部大开发和成渝地区双城经济圈建设等国家战略机遇，充分发挥两江新区、重庆自贸试验区等开放大平台和中欧班列(渝新欧)、西部陆海新通道等开放大通道的作用，积极扩大对外合作的深度和广度。以汽摩、电子信息、高档数控机床与机器人、智能制造装备等高端装备为重点领域，以世界500强企业和全球行业龙头企业为重点方向，定期组织海外招商引资、招才引智活动，健全重大外资项目跟踪服务机制和重点外资企业服务机制，为外商投资创造良好环境。鼓励企业积极开展对外产能和装备合作，支持“重庆制造”品牌企业参加国际展览会，宣传品牌，开拓市场。

第五节 健全协会组织

坚持政府引导，龙头企业主导，支持重点领域龙头骨干企业联合上下游企业成立行业协会、学会、联盟等行业组织。发挥行业组织作用，积极开展行业发展形势分析研究，制定行业规范条件和产品标准，促进行业自律，推进产业链配套和协同创新，进行企业技术指导和职工培训，组织开展国际合作交流，联合开拓国际市场，协助政府研究制定产业政策，促进制造业健康有序发展。

参考文献

GEREFFI G，KSPLINSKY R，2001. The value of value chains：spreading the gains from globalization[J]. IDS Bulletin，32(3)：1-136.

HAUSMAN R，J RODRIK H D，2007. What you export matters[J]. Journal of Economic Growth(12)：1-25.

KSPLINSKY R M，2003. Governance matters in value chains[R]. Developing Alternatives，9(1)：11-18.

PORTER M E，1997. 竞争优势[M]. 陈小悦，译. 北京：华夏出版社.

United Nations Industrial Development Organization，2002. Competing through innovation and learning the focus of UNIDO's industrial development 2002/2003[R]. Vienna.

蔡昉，王德文，曲玥，2009. 中国产业升级的大国雁阵模型分析[J]. 经济研究(9)：110-119.

曹文梁，胡选子，2012. 基于全球价值链的产业升级研究——以东莞市电子信息产业为例[J]. 科技管理研究(21)：186-190.

重庆市人民政府，2019. 重庆市人民政府关于印发重庆市推动制造业高质量发展专项行动方案(2019—2022年)的通知[J]. 重庆市人民政府公报(5).

重庆市人民政府，2020. 重庆市人民政府关于印发重庆市促进大健康产业高质量发展行动计划(2020—2025年)的通知[J]. 重庆市人民政府公报(5).

高钰婷，2021. 全球价值链的测算方法与当前分布状况——基于《2020年世界发展报告》[J]. 中国统计(2)：42-45.

葛海燕，张少军，丁晓强，2021. 中国的全球价值链分工地位及驱动因素——融合经济地位与技术地位的综合测度[J]. 国际贸易问题(9): 122-137.

何宇, 陈珍珍, 张建华, 2021. 人工智能技术应用与全球价值链竞争[J/OL]. 中国工业经济, 2021(10): 119-137[2021-10-23]. https://doi.org/10.19581/j.cnki.ciejournal.2021.10.006.

蒋家东, 李依锦, 郑立伟, 2016. 基于国际贸易的中国产品质量溢价研究[J]. 国际贸易问题(8): 62-73.

金升龙, 唐晓芬, 邓绩, 2005. 质量链理论与运行模式研究[J]. 中国质量(9): 16-19.

刘敏, 2016. 基于RUV指数西安装备制造业在全球价值链国际分工地位的再验证[J]. 工业经济论坛(4): 418-425.

刘茜, 钱姣姣, 侯嘉乐, 2021. 数字贸易重塑全球价值链"武汉力量"为中国经济发展注入新动能[N]. 21世纪经济报道, 10-14(11).

刘欣欣, 等, 2020. 山东省高端装备制造业质量提升路径探索[J]. 质量与标准化(10): 41-44.

刘志彪, 2001. 重构国家价值链: 转变中国制造业发展方式的思考[J]. 世界经济与政治论坛(4): 1-13.

刘志彪, 吴福象, 2018. "一带一路"倡议下全球价值链的双重嵌入[J]. 中国社会科学(8): 17-32.

马晓平, 鲁起闻, 李帮义, 2008. 生产者责任延伸规制研究的基本问题和框架思考[J]. 南京晓庄学院学报(2): 113-117.

任保平, 李禹墨, 2018. 新时代背景下高质量发展新动能的培育[J]. 黑龙江社会科学(4): 113-117.

世界银行集团, 2020. 2020年世界发展报告: 在全球价值链时代以贸易促发展[R]. 华盛顿: 世界银行集团.

唐海燕, 2021. 全球价值链分工、新发展格局与对外经济发展方式新转变[J]. 华东师范大学学报(哲学社会科学版), 53(5): 212-225, 242.

王金亮, 2014. 我国当前制造业的发展特征[J]. 经济研究参考(36): 20-21.

王珏，黄光灿，2017. 全球价值链下制造业嵌入式升级研究[J]. 区域经济评论(5)：4，86-93.

王岚，2014. 融入全球价值链对中国制造业国际分工地位的影响[J]. 统计研究(5)：24-30.

王彦芳，2021. 深度融入全球价值链会缩小还是扩大地区差距？——中间品前向关联与后向关联的反向影响[J]. 西部论坛，31(3)：1-16.

姚璐璐，文波，邹皎，2005. 重庆主要贸易产业国际竞争力分析与对策[J]. 宜宾学院学报(2)：32-36.

余东华，2020. 制造业高质量发展的内涵、路径与动力机制[J]. 产业经济评论(1)：13-32.

余东华，田双，2019. 嵌入全球价值链对中国制造业转型升级的影响机理[J]. 改革(3)：50-60.

张辉，2004. 全球价值链理论与我国产业发展研究[J]. 中国工业经济(5)：38-46.

张其仔，2014. 中国能否成功地实现雁阵式产业升级[J]. 中国工业经济(6)：18-25.

2020. 中共中央关于制定国民经济和社会发展第十四个五年规划和二〇三五年远景目标的建议[M]. 北京：人民出版社.

附　录　重庆制造业分类整理表

支柱产业	细分行业		支柱产业	细分行业	
汽车	361	汽车整车制造	装备	331	结构性金属制品制造
	362	汽车用发动机制造		332	金属工具制造
	363	改装汽车制造		333	集装箱及金属包装容器制造
	364	低速载货汽车制造		334	金属丝绳及其制品制造
	365	电车制造		336	金属表面处理及热处理加工
	366	汽车车身、挂车制造		339	铸造及其他金属制品制造
	367	汽车零部件及配件制造		341	锅炉及原动设备制造
摩托车	375	摩托车制造		342	金属加工机械制造
	377	助动车制造		343	物料搬运设备制造
	378	非公路休闲车及零配件制造		344	泵、阀门、压缩机及类似机械制造
电子	347	文化、办公用机械制造		345	轴承、齿轮和传动部件制造
	356	电子和电工机械专用设备制造		346	烘炉、风机、衡器、包装等设备制造
	383	电线、电缆、光缆及电工器材制造		348	通用零部件制造
	384	电池制造		349	其他通用设备制造
	385	家用电力器具制造		351	采矿、冶金、建筑专用设备制造
	391	计算机制造		352	化工、木材、非金属加工专用设备制造
	392	通信设备制造		353	食品、饮料、烟草及饲料生产专用设备制造

续表

支柱产业	细分行业		支柱产业	细分行业	
电子	393	广播电视设备制造	装备	354	印刷、制药、日化及日用品生产专用设备制造
	394	雷达及配套设备制造		355	纺织、服装和皮革加工专用设备制造
	395	非专业视听设备制造		357	农、林、牧、渔专用机械制造
	396	智能消费设备制造		359	环保、社会公共服务及其他专用设备制造
	397	电子器件制造		371	铁路运输设备制造
	398	电子元件及电子专用材料制造		372	城市轨道交通设备制造
	399	其他电子设备制造		373	船舶及相关装置制造
	401	通用仪器仪表制造		374	航空、航天器及设备制造
	402	专用仪器仪表制造		379	潜水救捞及其他未列明运输设备制造
	409	其他仪器仪表制造		381	电机制造
医药	271	化学药品原料药制造		382	输配电及控制设备制造
	272	化学药品制剂制造		389	其他电气机械及器材制造
	273	中药饮片加工		419	其他未列明制造
	274	中成药生产		431	金属制品修理
	275	兽用药品制造		432	通用设备修理
	276	生物药品制品制造		433	专用设备修理
	277	卫生材料及医药用品制造		434	铁路、船舶、航空航天等运输设备修理
	278	药用辅料及包装材料		435	电气设备修理
	358	医疗仪器设备及器械制造		436	仪器仪表修理
材料	102	化学矿采选		439	其他机械和设备修理业
	251	精炼石油产品制造	消费品	173	麻纺织及染整精加工
	261	基础化学原料制造		174	丝绢纺织及印染精加工
	262	肥料制造		175	化纤织造及印染精加工
	263	农药制造		176	针织或钩针编织物及其制品制造

续表

支柱产业	细分行业		支柱产业	细分行业	
材料	264	涂料、油墨、颜料及类似产品制造	消费品	177	家用纺织制成品制造
	265	合成材料制造		178	产业用纺织制成品制造
	266	专用化学产品制造		181	机织服装制造
	267	炸药、火工及烟花产品制造		182	针织或钩针编织服装制造
	291	橡胶制品业		183	服饰制造
	081	铁矿采选		191	皮革鞣制加工
	082	锰矿、铬矿采选		192	皮革制品制造
	089	其他黑色金属矿采选		193	毛皮鞣制及制品加工
	091	常用有色金属矿采选		194	羽毛（绒）加工及制品制造
	092	贵金属矿采选		195	制鞋
	093	稀有稀土金属矿采选		201	木材加工
	101	土砂石开采		202	人造板制造
	109	石棉及其他非金属矿采选		204	竹、藤、棕、草等制品制造
	203	木制品制造		211	木质家具制造
	301	水泥、石灰和石膏制造		212	竹、藤家具制造
	302	石膏、水泥制品及类似制品制造		213	金属家具制造
	303	砖瓦、石材等建筑材料制造		214	塑料家具制造
	304	玻璃制造		219	其他家具制造
	306	玻璃纤维和玻璃纤维增强塑料制品制造		221	纸浆制造
	307	陶瓷制品制造		222	造纸
	308	耐火材料制品制造		223	纸制品制造
	309	石墨及其他非金属矿物制品制造		231	印刷
	311	炼铁		232	装订及印刷相关服务
	312	炼钢		233	记录媒介复制
	313	钢压延加工		241	文教办公用品制造
	314	铁合金冶炼		242	乐器制造
	321	常用有色金属冶炼		243	工艺美术品制造

续表

支柱产业	细分行业		支柱产业	细分行业	
材料	322	贵金属冶炼	消费品	244	体育用品制造
	323	稀有稀土金属冶炼		245	玩具制造
	324	有色金属合金制造		246	游艺器材及娱乐用品制造
	325	有色金属压延加工		268	日用化学产品制造
	335	建筑、安全用金属制品制造		281	纤维素纤维原料及纤维制造
	337	搪瓷制品制造		282	合成纤维制造
	421	金属废料和碎屑加工处理		283	生物基材料制造
				292	塑料制品业
				305	玻璃制品制造
				338	金属制日用品制造
				376	自行车和残疾人座车制造
				386	非电力家用器具制造
				387	照明器具制造
				403	钟表与计时仪器制造
				404	光学仪器制造
				405	衡器制造
				411	日用杂品制造

注：将国民经济行业分类中制造业大类归纳整理，对应到重庆制造业主要类别。

后　记

本书是在作者主持的2019年重庆市社科规划重点项目（2019ZDJJ05）研究基础上进一步拓展深化完善形成的。在本书即将付梓之际，对为本书付出辛劳的领导、同事、朋友及家人表示衷心的感谢！

感谢本课题研究小组的所有人员，他们来自重庆市综合经济研究院、重庆社会科学院，在本课题中贡献分别如下：引言，余贵玲；第一章，唐于渝；第二章，余贵玲；第三章，唐于渝、夏月、陈姝；第四章，简华球；第五章，李权、李林；第六章，简华球。从2019年课题立项到2021年形成此书稿，这期间经历了广泛的调研、查阅收集整理数据资料、反复研讨修改完善等过程。课题组每位成员围绕研究主题，不辞辛劳、深入思考、全心投入，才有了今日的最终成果问世。在此，对课题组每位研究者严谨的钻研精神、辛苦的付出表达最衷心的感谢和敬意！

感谢在课题启动和研究过程中给予指导和帮助的重庆市综合经济研究院院长易小光研究员、总经济师丁瑶研究员，给予大量协助支持的重庆市综合经济研究院科研管理处张海荣、王成等同志，感谢大家的悉心指导和帮助！

感谢中国经济出版社的姜静编辑、王西琨编辑，她们为本书的策划、出版投注了大量心血和无私帮助。

感谢一直默默支持我、关爱我的家人，有家人最强大的精神支持，最贴心的关爱照顾，让我能全身心投入研究工作，感谢你们！

由于时间、水平有限，本书难免存在不足之处，恳请广大读者和专家提出宝贵意见，以利于我们团队继续完善提升。同时，期待本书研究成果能为重庆、西部地区乃至全国类似省（区、市）的制造业高质量发展提供有益参考，为推动中国经济高质量发展尽绵薄之力。

余贵玲

2021 年 8 月